CON
BOOK.

Anita Vetter, 1984 in Berlin geboren, studierte Neue Deutsche Literatur, Neuere Geschichte sowie Publizistik- und Kommunikationswissenschaften. Sie arbeitet als freiberufliche Autorin und Hundetrainerin und lebt mit ihrer Hündin Janne in Brandenburg. Janne ist ein – Achtung Zungenbrecher – Podenco-Gos d'Atura Català-Mix aus Spanien. Anita ist sich jedoch sicher, dass auch Kängurus in der Ahnenge- schichte eine gewisse Rolle gespielt haben. Neben dem Schreiben und der Arbeit mit Hunden ist Anita lie- bend gern in der Welt unterwegs. Als Co-Autorin schrieb sie bei CONBOOK die Bestseller von Nick Martin »Die geilste Lücke im Lebenslauf« und »Die dunkle Seite – Was nicht so geil war in 10 Jahren Weltreisen«.

Anita Vetter

Ein tierlieber Wegweiser

REiSE HACKS
FÜR Hunde-menschen

CONBOOK.

Folgen Sie uns!

Wir informieren Sie gerne und regelmäßig über Neuigkeiten aus der CONBOOK-Welt. Folgen Sie uns für News, Stories und Informationen zu unseren Büchern, Themen und Autoren.

 www.conbook-verlag.de/newsletter

 www.facebook.com/conbook

 www.instagram.com/conbook_verlag

Bei den Reise-Hacks bisher ebenfalls erschienen:

- ★ **Reise-Hacks für frischgebackene Eltern** (ISBN 978-3-95889-420-4)
- ★ **Reise-Hacks für Klimabewusste** (ISBN 978-3-95889-418-1)
- ★ **Reise-Hacks für Laufbegeisterte** (ISBN 978-3-95889-421-1)
- ★ **Reise-Hacks für Nackte** (ISBN 978-3-95889-422-8)

© Conbook Medien GmbH, Neuss, 2022
Alle Rechte vorbehalten.

www.conbook-verlag.de

Einbandgestaltung: FAVORITBUERO, München, unter Verwendung von Illustrationen: © Maxim Suvoroff / Shutterstock (Kofferanhänger), VoodooDot / Shutterstock (Person), Leremy / Shutterstock (Hund), tan_tan / Shutterstock (Laterne), Denys Drozd / Shutterstock (Hydrant), newelle / Shutterstock (Parkbank)

Illustrationen und Grafiken im Innenteil: Serafima Mikhaylova (@happiestsim)

Kartografie: David Janik, basierend auf Karten © Andrei Minsk / Shutterstock und Serban Bogdan / Shutterstock

Layout: David Janik

Druck und Verarbeitung: Florjančič tisk d.o.o., Slowenien

894198 01 22 8

ISBN 978-3-95889-419-8

Inhalt

Vorwort

Es gibt doch nichts Schöneres, als die Taschen zu packen und abzuhauen, oder? Einfach mal am Strand abhängen und die Seele baumeln lassen. In den Bergen die Natur entdecken. Oder bei einem spannenden Städtetrip neue Eindrücke sammeln. »Alle zusammen in den Urlaub« ist mit Hund jedoch immer ein Theaterstück mit vielen Akten – und vor allem eine organisatorische Herausforderung. Der beste Freund des Menschen ist zwar meist der kleinste Mitreisende, aber auch ein durchaus anspruchsvoller. Was gibt es nicht alles zu bedenken!

Bevor es überhaupt an die konkrete Reiseplanung geht, gibt es in gefühlt 1001 Nächten 1001 Fragen zu klären. Zum Beispiel diese hier: Wo fühlt sich der Hund wohl, wo ist es nicht zu heiß und nicht zu kalt? Welche Stadt, welches Land sind **hundefreundlich**? Welche **Einreisebestimmungen** gibt es dort? Und wie die Sache mit dem **Futter** regeln?

Die **Reisetasche** für den Vierbeiner ist mit Futternäpfen, Leinen, Schlafplatz, Erste-Hilfe-Tasche und Spielzeug nicht kleiner als die eigene. Am wichtigsten ist aber: Egal wohin die Reise geht, es soll vor allem eine tierisch gute Auszeit für alle werden. Damit aus dem Theaterstück keine Tragödie wird, sondern eine herrlich entspannte und abwechslungsreiche Komödie, finden Sie in diesem Buch viele Tipps zu allen Stationen in Sachen Reise – von der ersten Entscheidung über mögliche Destinationen bis hin zum Wiedernach-Hause-Kommen. Sie erfahren, wo etwas los ist, wenn Sie Urlaub haben, was der beste **Zeitplan für die Reisevorbereitung** ist oder welche Länder sie besser nicht anpeilen sollten, wenn Sie nicht unbedingt scharf auf einen organisatorischen Nervenzusammenbruch sind.

Weil Flugreisen für Hunde, gelinde gesagt, eine Totalkatastrophe in Sachen Tierwohl sind, erwarten Sie hier nur vereinzelt Übersee-Tipps. Wer seinen Hund mit in die Kabine nehmen kann, für den ist das was. Im Frachtraum eines Flugzeugs haben die Vierbeiner in meinen Augen jedoch nichts verloren. Deshalb beschränkt sich die »Reisewelt«, von der hier die Rede ist, hauptsächlich auf Europa. Nehmen Sie sich für lange Reiserouten **ausreichend Zeit**, denn Bahn- oder Autoreisen bedeuten ebenfalls sehr viel Stress für unsere besten Freunde. Getreu dem Titel dieses kleinen Ratgebers, erwarten Sie auch **Reise-Hacks** für unterwegs. Und so einige Passagen, die auf jeden Fall mit einem Augenzwinkern geschrieben sind.

Nicht zu vergessen die Heimreise: Die muss für den Vierbeiner genauso vorbereitet werden und ausreichend Ruhepausen beinhalten. Hunde reagieren meist sehr empfindlich auf zu viele und zu schnelle Veränderungen. Wenn Sie also am letzten Urlaubstag nach Hause hetzen, ist es mit der Erholung im Zweifel gleich wieder vorbei, – wenn der Hund aufgrund von zu wenig Ruhe und zu viel Reisestress beispielsweise direkt mit einem rebellierenden Magen-Darm-Trakt reagiert.

Seien Sie bei jeder geplanten Reise fair zu sich und Ihrem Hund und beantworten Sie sich ehrlich diese Frage: Bedeutet der Urlaub für meinen Hund sehr viel Stress? Taucht sofort ein »Eigentlich ja« in Ihnen auf, dann überlegen Sie ernsthaft, ob Ihr Hund nicht besser bei Vertrauten oder in einer liebevoll geführten Hundepension mit Familienanschluss aufgehoben ist.

Schon gespannt, was Sie sonst noch alles erwartet? Dann blättern Sie einfach weiter und lassen Sie sich für Ihren nächsten gemeinsamen Urlaub mit Hund inspirieren.

1

Entscheidungshilfe für Hundemenschen

Was darf's denn sein?
Meer oder Berge? Inland oder Ausland? Bewegungslose Ruhe oder möglichst viele Abenteuer? Wo ist überhaupt was los, was Sie auch mit Hund unternehmen können? Aber beginnen wir doch einfach mit der wichtigsten aller Reisefragen: Wie urlaubsreif sind Sie eigentlich?

Selbsttest: Wie urlaubsreif bin ich?

Beantworten Sie die folgenden Fragen und kreuzen Sie die passendste Antwort an:

1 Wie viel Freizeit verbringen Sie mit Ihrem Hund?

a Ich nehme mir jeden Tag Zeit für kleine Abenteuer. **5 Punkte**

b Ich versuche die Gassirunden in meinen Alltag reinzuquetschen. Am Wochenende bin ich zu müde für Action. **10 Punkte**

c Ach ja ... ich habe ja einen Hund! **15 Punkte**

2 Was haben Sie heute zum Frühstück gegessen?

a Nur gesunde Sachen. Auf ein ausgewogenes Frühstück verzichte ich nie. **5 Punkte**

b Ich war in Eile – irgendwas vom Bäcker. **10 Punkte**

c Ich hatte Hundefutter und der Hund Kaffee und Croissant. **15 Punkte**

3 Wie wachen Sie morgens auf?

a Ich springe aus dem Bett, wecke den Hund und wir laufen raus! **5 Punkte**

b Nur mit sehr viel »Snooze« und sehr viel Kaffee. **10 Punkte**

c Der Hund schleift mich ins Bad, putzt mir die Zähne und führt mich in den Wald. **15 Punkte**

4 Wie gut folgt ihr Hund?

a Wir verstehen uns blind. **5 Punkte**

b Im Prinzip gut, manchmal bin ich zu ungeduldig. **10 Punkte**

c Genau genommen ist es andersherum: Ich folge meinen Hund. **15 Punkte**

5 Fit wie ein Turnschuh oder Couch-Potato?

a Turnschuh! Nachher geht's noch zum Canicross! **5 Punkte**

b Die täglichen Gassirunden reichen mir. **10 Punkte**

c Ich fühle mich wie ein Fundament: mit Beton gefüllt. **15 Punkte**

6 Montag ist für Sie wie ...

a ... ein Versprechen für eine gute neue Woche! **5 Punkte**

b ... Kackebeutel beim Gassigehen: Muss ja. **10 Punkte**

c ... ein ewiger Kreis: kein Ende in Sicht. **15 Punkte**

7 Wann waren Sie zum letzten Mal im Urlaub?

a Neulich erst. Ich baue immer wieder kleine Auszeiten ein. **5 Punkte**

b Letztes Jahr. Das war schön. **10 Punkte**

c Zählen Nachmittage auf dem Hundeplatz? **15 Punkte**

Auswertung

Zählen Sie die Punkte zusammen und lesen Ihre Auswertung.

35–60 Punkte
Noch tiefenentspannt

Sie ruhen in sich und sorgen auch im Alltag für kleine Auszeiten. Ihr Hund und Sie haben auch ohne Urlaub eine gute Zeit. Eine Reise kann jedoch nie schaden. Da Sie bestimmt offen für Abenteuer sind: Wie wäre es mal mit einem Kurztrip an die Ostsee?

65–90 Punkte
Leicht gestresst

Sie sind wie das Kind in der Schule, das gerade mit dem Stuhl kippelt: Noch ist alles super, aber es kann auch schnell krachen. Auf ihrer To-do-Liste sollte ein Punkt nach oben wandern: Urlaub planen! Psst: Auf Seite 14 finden Sie Inspiration für eine mögliche Reiseroute.

95–105 Punkte
Ab in die Ferien!

Sie sind nicht nur urlaubsreif, sondern überreif für Urlaub. Ganz klar: Sie müssen raus. Schnappen Sie sich am besten sofort Ihren Hund und buchen Sie eine Pause – am besten gleich drei Wochen am Stück. Fahren Sie ans Meer mit Hundestrand, gehen Sie in der Natur wandern und genießen Sie ihre freie Zeit.

Wo ist was los,
wenn ich Urlaub habe?

JANUAR

Gejohle und eiskalte Fluten: Auf zum **Kühlungsborner Neujahrsanbaden** an der **Ostsee**, bei dem alle **traditionell gestreifte Badeanzüge** tragen! Auch als Zuschauer mit Hund ein echtes Spektakel.

FEBRUAR

Auf **Sylt** findet am **21. Februar** das **Volksfest Biikebrennen** statt. Perfekt mit Hund, denn alles passiert draußen. Bei diesem Fest wird der Winter mit Feuern vertrieben, dazu gibt es Grünkohl.

MÄRZ

Im Frühjahr lässt es sich auf **La Gomera** wunderbar mit Hund in der milden Sonne wandern, z. B. im UNESCO-Weltnaturerbe **Nationalpark Garajonay**. Das Besondere: Ab März/April schwimmen riesige **Bartenwale** um die Küsten.

APRIL

Wenn die Kirschbäume blühen, ist in **Belgien** ein Hundespaziergang schöner als der nächste. Tipp: der **Floralia Brussels**. Hier blühen im Park des **Château de Grand-Bigard** Tausende der schönsten Frühlingsblumen aus aller Welt.

MAI

Als Team mit dem Vierbeiner durch den Schlamm: Jährlich findet in verschiedenen Orten **Englands** die **Muddy Dog Challenge** statt – ein actionreicher **Spenden-Hindernislauf** zugunsten von Tierheimen (meist im Frühjahr, kann variieren).

JUNI

Hej – **Midsommar feiern in Schweden**! Die **Sommersonnenwende** findet am Samstag zwischen dem 20. und den 26. Juni statt. Blumen im Haar, die Sonne geht nicht unter und alles **draußen auf dem Land**: Was kann sich Hund mehr wünschen?

JULI

Gleich mal rüber nach **Finnland**! In dem kleinen Ort **Sonkajärvi** wartet einer der ulkigsten Wettbewerbe der Welt auf Teilnehmer sowie zwei- und vierbeinige Besucher aus aller Herrchen Länder: **Eukonkannon**, die offizielle **Weltmeisterschaft im Frauentragen**.

AUGUST

Im Sommer wieder ans Meer: nach **St. Peter-Ording** zu den **Multivan Kitesurf Masters**. Hier lassen sich **Kitesurfer aus der ganzen Welt** beobachten, auch der **Deutsche Meister** wird gekürt. Hundedecke und Fernglas nicht vergessen!

SEPTEMBER

Der September ist eine super Zeit für **Polarlichter** in **Norwegen** – und noch nicht zu kalt für Hunde. Die Aurora ist sehr aktiv und der Himmel dunkel genug, um das Ganze auch zu sehen. Berühmt für ihr Nordlichtspektakel ist die Stadt **Tromsö**.

OKTOBER

Einmal »übern Teich«: Anfang/Mitte Oktober findet in **Albuquerque (New Mexico, USA)** die **Balloon Fiesta** statt, bei der **Hunderte von Heißluftballons** in den Himmel steigen. Bestes Fotomotiv: der Hund vor einem Heißluftballonhimmel. Geht natürlich nur, wenn der Hund keine Angst vor fliegenden Objekten hat!

NOVEMBER

An den November-Wochenenden gibt es in **Frankreich** Hering satt! Die Orte **Le Tréport, Dieppe, Saint-Valery-en-Caux, Fécamp** und **Lieurey** an der Alabasterküste feiern dann ihre **traditionellen Heringsfeste**. Schmeckt auch dem Vierbeiner – aber Achtung: Hering enthält viel Thiaminase (Enzym, das Vitamin B1 zerstört). Deshalb nur gekocht oder in Maßen füttern.

DEZEMBER

Mit Hund im winterlichen **Frankreich**: Im Dezember leuchtet die Stadt **Lyon** bei der **Fête des Lumières** vier Tage lang durch **Tausende bunte Lichter**. Häuser und Straßenzüge werden dazu in allen Farben von internationalen Lichtkünstlern angestrahlt.

Die perfekte Europaroute für Hundemenschen

Na gut, ich gebe es zu: Das ist natürlich nicht die *einzige* perfekte Europaroute für Hundemenschen. Aber eine sehr schöne! Es gibt Meer, Hügel, Städte, ein bisschen Venedig-Feeling, atemberaubende Natur, Hängematten – und alles in hundefreundlich. Voraussetzung: ausreichend Zeit einplanen. Geht auch: Die Stationen einzeln »beurlauben«.

Nord-Pas-de-Calais, Frankreich

Ausruhen wie Gott in Frankreich

Einfach mal die Seele baumeln lassen, am besten in einem Ferienhaus nahe der Küste mit Hängematte und Terrasse.

Kent, England

A cup of tea, please!

Den »Garten Englands« mit seinen Hügelketten und Tälern erkunden – und danach einen Tee bzw. Wassernapf vorm Kamin. (Achtung bei Abhängen und Steilküsten: Hund anleinen! Einem Vogel hinterherjagen kann sonst übel ausgehen.)

Amsterdam, Niederlande

Von Grachten und Stroopwafels

Im Boot durch Kanäle schippern, Waffeln knabbern und im Vondelpark spazieren – Amsterdam mit Hund ist herrlich!

Brügge, Belgien

Brügge sehen und staunen

Das »Venedig des Nordens« ist nicht nur voller Postkartenmotive und wunderschön, sondern auch sehr hundefreundlich.

Usedom, Deutschland

Ab ins salzige Nass

Rennen, buddeln, baden und frische Meeresluft: Außerhalb der Saison dürfen Hunde an alle Strände mit.

Berühmte Hundemenschen
auf Reisen

Million Dollar Dog

Name Hilary Swank
Lebensdaten 30. Juli 1974
Tätigkeit Schauspielerin

Dem *People*-Magazin sagte Hilary Swank einst: **»Tiere machen mein Leben so viel reicher. Ohne meine Hunde wäre es nicht dasselbe.«** Ihre treuen Begleiter nimmt die zweifache Oscar- und Golden-Globe-Preisträgerin überall hin mit. Den ein oder anderen Flughafen haben die Hunde schon kennengelernt. Doch auch zu Hause wird ihren Vierbeinern nicht langweilig, denn die Schauspielerin nimmt immer wieder Pflegehunde bei sich auf. Sie setzt sich für Tierrechte ein und macht sich für die Adoption von Straßenhunden stark.

Clément und die Literatur

Name Michel Houellebecq
Lebensdaten 26. Februar 1956
Tätigkeit Autor

Wer seine Bücher liebt und deshalb sein Werk und Wirken im Blick behält, weiß auch von Clément. Michel Houellebecq nahm seinen Pembroke Welsh Corgi überall hin mit. Besonders in der französischen Literaturszene kannte jeder den treuen Begleiter des Autors (übrigens dieselbe Rasse wie die Lieblingshunde der Queen). Heute lebt Clément leider nicht mehr, aber seine Spuren lassen sich noch vielfach finden – und zwar in Houellebecqs Büchern, in denen er auftaucht, und auch in der Nähe von Paris. Hier hat Houellebecq Clément auf dem **Cimetière des chiens in Asnières-sur-Seine** beerdigen lassen. Auf dem vermutlich ältesten Tierfriedhof der Welt befindet sich auch die letzte Ruhestätte des berühmten Filmhundes Rin Tin Tin.

Kein Hund namens Napoleon

Name Napoleon Bonaparte
Lebensdaten 15. August 1769–
5. Mai 1821
Tätigkeit Kaiser der Franzosen

Kaiser Napoleon und die Hunde – beinahe eine Tragikomödie! Mit den Vierbeinern hatte der französische Staatsmann es nicht so. Und das, obwohl er einmal **von einem Neufundländer vor dem Ertrinken gerettet wurde**, als er von einer Barkasse, die ihn zu seinem Schiff bringen sollte, ins Meer stürzte. Das änderte jedoch nichts an seiner grundsätzlich schlechten Meinung den Vierbeinern gegenüber. Zu tief saß wohl die Abneigung. Ein möglicher Auslöser: Napoleon wurde in der Hochzeitsnacht ordentlich in die Wade gebissen. Und zwar von niemand Geringerem als Fortune, dem Spaniel seiner Frau Josephine. Napoleons Widerwille gegen Hunde ließ ihn angeblich sogar ein Gesetz verabschieden, das es allen Franzosen verbot, ihre Hunde Napoleon zu nennen.

Das haben wir doch alle Oder?
schon mal erlebt.

Kacke Macchiato

Die Sonne scheint, die Menschen sitzen im Café, man selbst flaniert daran vorbei – und dann legt der Hund einen riesigen Haufen. Während die Gäste sich hochgezogene Augenbrauen zuwerfen, sucht man in allen Jackentaschen, aber natürlich hat man genau jetzt keinen **Kackebeutel** dabei.

»Wir müssen draußen bleiben!«

Ob Park, Geschäft oder öffentliche Einrichtung: **Hundemenschen prallen oft an eine unsichtbare Mauer**, die »Hunde verboten!« heißt. Und jetzt? Den Hund verkleiden oder in der Tasche durchs Museum tragen? Ne, danke! Dann lieber in den Baumarkt fahren. Da findet man immer was, und Hunde sind willkommen.

Dicke Luft

Man sitzt mit Freunden im Auto, der Hund liegt entspannt auf dem Rücksitz, und plötzlich weht ein übler Gestank durch die Gegend. Wir wissen, wie es läuft: Nun denken alle, dass man einen Mörderpups abgesetzt hat. »**Das war mein Hund!**«, glaubt einem niemand.

»Der will nur spielen!«

Den Satz kennen Sie, oder? Übersetzt heißt das so viel wie: »Ich kann meinen Hund nicht abrufen.« Sehr oft schmeißt man sich dann schützend zwischen seinen eigenen und den Hund, **der garantiert nicht aussieht, als wolle er spielen**. Ein anderer Klassiker aus der Hundemenschen-Welt: »Die regeln das unter sich!«

Leinen los!

... und zack, ist auch schon das Ordnungsamt zur Stelle. Natürlich hat der Hund genau JETZT auch noch ein Eichhörnchen entdeckt und macht einen riesen Aufriss. Strafe akzeptieren oder rausreden? Beim Reisen auf jeden Fall vorsichtig sein, **in anderen Ländern** wie z. B. Dänemark **kann es ohne Leine sehr teuer werden**.

2

Loslegen
für
Hundemenschen

Der Countdown läuft!
Der Urlaub steht fest,
jetzt geht es ans Bu-
chen. In der Zeit vor der
Abreise gibt es noch so
einiges zu organisieren:
Wann Sie am besten mit
was anfangen, erfahren
Sie auf den nächsten
Seiten. Auch, was im
Hundegepäck auf kei-
nen Fall fehlen darf.

Der **Ultimative Zeitplan**
zur Reisevorbereitung

6 Monate vor Reisebeginn: Wo soll's hingehen?

Besser früher als später: **Suchen Sie das passende Urlaubsziel** für Ihre zwei- und vierbeinigen Bedürfnisse.

EU oder EU-Ausland: **Checken Sie die Einreisebestimmungen** – hier gibt es so einiges zu beachten. Beste Infostelle für das Kleingedruckte: Botschaften, Fremdenverkehrsamt, Amtstierarzt oder Auswärtiges Amt. Wenn sie top vorbereitet sein wollen, lassen Sie sich die Einreisebestimmungen schriftlich geben, dann haben Sie im Diskussionsfall etwas schwarz auf weiß in der Hand. Machen Sie sich über **Rückreisebestimmungen** schlau, auch hier gibt es Vorschriften.

Lassen Sie Ihren Hund beim Tierarzt durchchecken. Informieren Sie den Tierarzt über die Reise, denn er weiß, was ihr Hund alles braucht oder gebrauchen kann – z. B. **Impfungen** oder Schutz vor Insekten oder Parasitenbefall. Lassen Sie sich ein **tierärztliches Attest** geben, falls Ihr Hund in Behandlung ist. Darauf sollten Erkrankung und Medikation stehen – am besten auch auf Englisch. Wichtig: Für manche Länder brauchen Sie generell eine **amtstierärztliche Bescheinigung**.

3 Monate vor Reisebeginn: Zeit fürs Training

Jetzt geht es ans Üben: Ist Ihr Hund an lange **Autofahrten** gewöhnt? Oder macht ihn das **Bahnfahren** nervös? Kann er in der **Transportbox** richtig runterkommen? Für eine entspannte Reise üben Sie in kleinen Schritten und erhöhen Sie die Dauer in moderaten Abständen.

In vielen Ländern gibt es in öffentlichen Verkehrsmitteln und an anderen Orten eine **Maulkorbpflicht**. Besorgen Sie einen gut sitzenden Maulkorb und trainieren Sie das Tragen.

Besonders in der Hochsaison gilt vielerorts **Leinenpflicht**. Checken Sie Ihre Hundeausstattung: **kurze Leinen**, **Schleppleinen** – alles da? **Bei-Fuß-Laufen** und **Rückruf** können Sie auffrischen und festigen, indem Sie

Übungen in die täglichen Gassigänge einbauen.

Auch eine gute Idee: Besuchen Sie einen **Erste-Hilfe-Kurs für Hundehalter**. Das ist auch abseits vom Reisen eine super Geschichte.

Einen Monat vor Reisebeginn: Countdown für die Vorbereitungen

Kaufen Sie genug Hundefutter und Leckerlis für die Urlaubszeit. Auch unterwegs sollte die gleiche Futterroutine beibehalten werden, um keine Magen-Darm-Geschichten zu provozieren. Wenn eine Futterumstellung für die Reise nötig ist, fangen Sie spätestens jetzt an.

Stellen Sie die Hundeunterlagen zusammen: EU-Heimtierausweis, Versicherungspolice, Steuermarke ... je früher Sie damit beginnen, desto besser. Wenn noch etwas fehlt, haben Sie genug Zeit, es zu organisieren.

Checken Sie das Erste-Hilfe-Set für Ihren Hund durch und holen Sie sich dazu Rat vom Tierarzt oder tierisch netten Apothekenmitarbeitenden.

Für den Notfall: **Recherchieren Sie Tierärzte und Tierkliniken vor Ort**. Schreiben Sie die Kontaktdaten auf und speichern Sie die **Telefonnummern und Adressen** zusätzlich in Ihrem Handy.

Sicher ist sicher: **Kennzeichnen** Sie alle Geschirre, Halsbänder und Leinen mit Ihren Kontaktdaten. Registrieren Sie Ihren Hund bei **Hundedatenbanken** wie z. B. Tasso, Petmaxx und Europetnet.

Packliste
für Hundemenschen

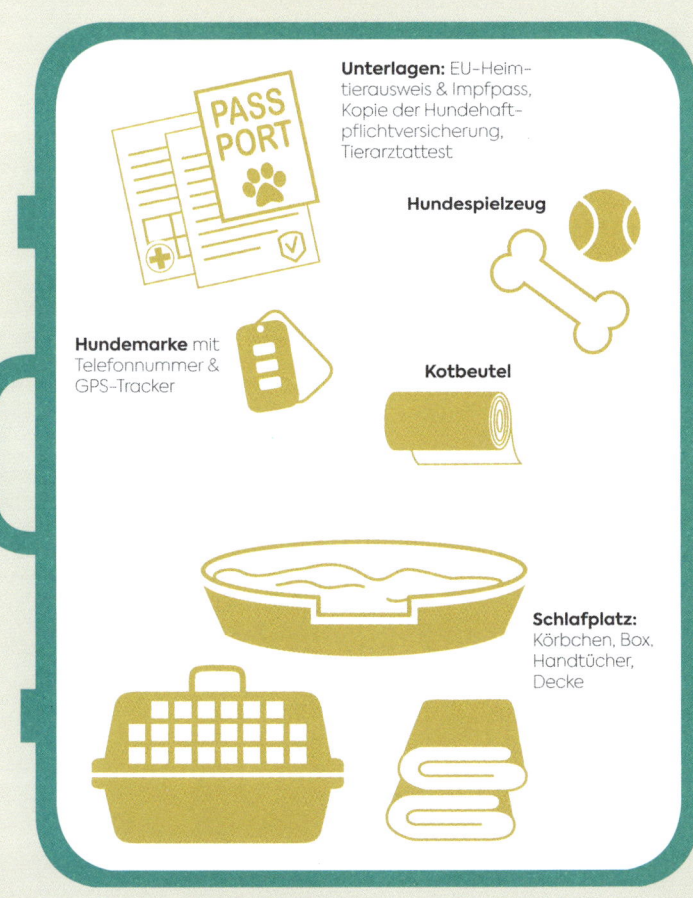

Unterlagen: EU-Heimtierausweis & Impfpass, Kopie der Hundehaftpflichtversicherung, Tierarztattest

Hundespielzeug

Hundemarke mit Telefonnummer & GPS-Tracker

Kotbeutel

Schlafplatz: Körbchen, Box, Handtücher, Decke

Maulkorb

Hundeleinen, Geschirr bzw. Halsband

Erste-Hilfe-Set (Zecken-zange. Medikamente usw., siehe Seite 24)

Hundeka-mera: Den Hund mal allein lassen? Besorgen Sie sich eine kleine Hunde-kamera, die sich per App steuern lässt.

Hundefutter, Leckerlis: Tipp: Kauartikel mitnehmen! Kann den Druck auf den Ohren lösen (z. B. beim Autofahren in den Bergen).

Wasser- und Futternäpfe: Wasser in Isolierflaschen mitnehmen. Die können an Orten mit gutem Trinkwasser immer wieder aufgefüllt werden. Ansonsten nur Wasser in Flaschen kaufen.

Was kommt alles in eine Erste-Hilfe-Tasche für Hunde?

Man wünscht es keinem, aber es kann doch vorkommen: Der Hund wird im Urlaub krank oder verletzt sich. Eine Notfalltasche mit Grundausstattung ist deshalb wichtig, auch wenn sie wirklich nur für die Erstversorgung da ist. Falls Sie ins Ausland fahren, notieren Sie für den Tierarzt wichtige Infos über Ihren Hund in Landessprache. Tipp: Den Inhalt der Erste-Hilfe-Tasche beim Tierarzt checken lassen!

Packliste für eine Erste-Hilfe-Tasche

* **Verbandsmaterial** (sterile Wundkompressen, Mullbinden, Kohäsivbinden, Verbandwatte)
* **Kühlkompressen/Wärmflasche**
* **Wundspray, Wundsalbe**
* **Ampullen mit Kochsalzlösung** (zum Ausspülen von Wunden)
* **Rettungsdecke**
* **Maulkorb** (oder Dreieckstuch für eine Maulschlinge)
* **Zeckenzange**
* **Fieberthermometer** (mit schneller Temperaturmessung)
* **Einmalspritze**
* **Einmalhandschuhe**
* **Mittel gegen Übelkeit und zur Beruhigung** (Dazu unbedingt Rat vom Tierarzt einholen!)
* **Kohletabletten** (z. B. bei Vergiftung)
* **Pinzette** (z. B. für grobe Wundreinigung oder bei Splittern)
* **Desinfektionsmittel**
* **Augen- und Ohrentropfen**
* **Schere** (z. B. zum Schneiden von Haaren an einer Wunde oder für den Verband)
* **Taschenlampe** (z. B. um in die Ohren zu leuchten)

3

Entdecken für Hundemenschen

Der Blick über den Hundenapf
Wo Hunde willkommen sind und welche Reiseziele eher schwierig sind, erfahren Sie in diesem Abschnitt. Auch interessant: Was gibt es eigentlich für Hunde-Vorurteile über andere Orte der Welt — und ist an ihnen etwas dran?

Die **interessantesten Länder** für **Hundemenschen**

1 Deutschland

Klima ★★★
Hundefreundlichkeit ★★★
Organisation & Reisedauer ★★★

Schön nah, das Wetter ist wie immer, und Einreisebestimmungen gibt es nur auf Bundeslandebene. Außerdem gibt es Meer, Berge, Flüsse, Seenplatten und spannende Städte ... Warum also mit Hund in die Ferne schweifen?

2 Niederlande

Klima ★★★
Hundefreund-lichkeit ★★★
Organisation & Reisedauer ★★★

Unbeschwert herumwetzen können Hunde im Süden der Niederlande zwischen Noordwijk und Katwijk. Hier liegt ein kilometerlanger Strand, an dem Hunde das ganze Jahr über frei laufen dürfen.

3 Belgien

Klima ★★★
Hundefreundlichkeit ★★★
Organisation & Reisedauer ★★★

Wenn es um Hundeurlaub geht, ist Belgien ähnlich schön wie die Niederlande und mindestens genauso abwechslungsreich. Tipp: Werfen Sie einen Blick auf Seite 15 – da spielt eine wunderschöne belgische Stadt eine Rolle.

4 Österreich

Klima ★★★
Hundefreundlichkeit ★★★
Organisation & Reisedauer ★★★

Ach ja ... Österreich. Wer liebt die Natur dort nicht? Je nachdem, wo in Deutschland Sie wohnen, ist die Anreise nicht sehr lang. Auch hier hält sich der Organisationsaufwand in Grenzen. Wichtig: Ein Maulkorb sollte immer dabei sein und muss bei Bedarf angelegt werden.

5 Schweiz

Klima ★★★
Hundefreund-lichkeit ★★★
Organisation & Reisedauer ★★★

Wenn wir schon bei atemberaubender Natur sind, darf die Schweiz nicht fehlen. Hunde sind hier überall willkommen. Tipp: das Wallis. In dem Südschweizer Kanton mit dem berühmten Matterhorn finden Sie besonders schöne Wanderrouten.

6 Polen

Klima ★★☆
Hundefreundlichkeit ★★☆
Organisation & Reisedauer ★★★

Auch in Polen gilt: Der Hund ist der beste Freund des Menschen. Kein Wunder also, dass Hundeurlaube hier toll sind. Man denke nur an die märchenhafte Masurische Seenplatte! Einen Punktabzug in Sachen Hundefreundlichkeit gibt es, weil Hunde in größeren Hotels oft nicht so gern gesehen sind. Aber was soll's: Ferienwohnungen sind eh schöner mit Hund.

7 Tschechien

Klima ★★★
Hundefreundlichkeit ★★★
Organisation & Reisedauer ★★☆

Die Tschechen begegnen Zwei- und Vierbeinern mit besonderer Gastfreundlichkeit. Tipp: Bei einer Reise nach Prag ist für alle etwas dabei – wunderschöne Parkanlagen zum Rumtoben, spannende Kultur und echt leckeres Essen!

8 Schweden

Klima ★★★
Hundefreundlichkeit ★★★
Organisation & Reisedauer ★★☆

Das *allemansrätten* (Jedermannsrecht) sichert allen den freien Zugang zur Natur – inklusive Zelte aufschlagen und Lagerfeuer machen. Dem Abenteuer Wildnis sind also keine Grenzen gesetzt.

9 Großbritannien

Klima ★★★
Hundefreundlichkeit ★★★
Organisation & Reisedauer ★★★

An der Südküste verläuft der South West Coast Path, der ursprünglich für die Küstenwächter angelegt wurde. Es gibt tolle Streckenabschnitte für Wanderer mit Hund – von einfach bis abenteuerlich.

10 Kanada

Klima ★★★
Hundefreundlichkeit ★★☆
Organisation & Reisedauer ★★★

Kanada darf auf der Liste der »interessantesten Länder für Hundemenschen« nicht fehlen – denn hier finden sich viel einzigartige Natur und Freundlichkeit auf einem Haufen. Wie man ohne extremen Reisestress nach Kanada kommt, ist allerdings eine andere Frage.

Die schwierigsten Länder
für Hundemenschen

1 China

Klima ★★★
Hundefreundlichkeit ★★★
Organisation & Reisedauer ★★★

Fast alle Länder auf dieser Liste sind für Hundereisen schon deshalb »schwierig«, weil sie sehr weit weg sind (ebenso wie Kanada). Aber es gibt weitere Gründe, beispielsweise viele Papiere, die organisiert werden müssen. In China kommt noch hinzu, dass Hunde z. B. nicht in öffentliche Verkehrsmittel dürfen. Und von dem Hundefleisch-Festival in Yulin fange ich gar nicht erst an.

2 Indonesien

Klima ★★★
Hundefreundlichkeit ★★★
Organisation & Reisedauer ★★★

Auch nach Indonesien zu reisen ist für Hunde mehr grauen- als traumhaft. Sieht man mal von dem Organisationsaufwand und der untierischen Reisedauer ab, ist man dort Hunden gegenüber nicht besonders aufgeschlossen. Ein (Gesundheits-)Risiko für den Hund bilden zudem die vielen Streuner im Land.

3 Chile

Klima ★★★
Hundefreundlichkeit ★★★
Organisation & Reisedauer ★★★

Chile fordert für die Einreise eine Extraladung Papiere (das gilt allerdings für so ziemlich jedes Land außerhalb der EU). Vor Ort bleibt es dann schwierig, weil Hunde nicht überall hindürfen. z. B. sind sie in Nationalparks nicht erlaubt.

4 Rumänien

Klima ★★★
Hundefreundlichkeit ★★★
Organisation & Reisedauer ★★★

Es ist auch in den »schwierigen Ländern für Hundemenschen« möglich, einen schönen Urlaub mit Hund zu erleben – zum Beispiel in Rumänien. Doch steht dieses Land exemplarisch für viele Länder, in denen Hunde leider nicht denselben Stellenwert haben wie bei uns. Das Tierleid ist hier groß. Schon aus diesem Grund also ein mögliches, aber vielleicht nicht das einfachste Urlaubsland für den Vierbeiner.

5 Island

Klima ★★★
Hundefreundlichkeit ★★★
Organisation & Reisedauer ★★★

Um es kurz zu machen: An eine Reise mit Hund nach Island müssen Sie keinen Gedanken verschwenden. Warum? Als Tourist gibt es in der Regel erst gar keine Einreisegenehmigung für Hunde.

6 Australien

Klima ★★★
Hunde-freundlichkeit ★★★
Organisation & Reisedauer ★★★

Australien ist schön, aufregend und bestimmt eine Reise wert – nur eben ohne Hund. Ähnlich wie bei Kanada, nur noch länger: Eine Flugreise, die gut und gerne 24 Stunden dauert, ist nichts für unsere Vierbeiner.

7 Spanien

Klima ★★★
Hundefreund-lichkeit ★★★
Organisation & Reisedauer ★★★

Wie – Spanien? Ja, leider. Aber eigentlich steht Spanien exemplarisch für viele warme Länder. Der Grund: Die unheilbaren Mittelmeerkrankheiten wie Leishmaniose, mit denen sich Hunde anstecken können. **Vor einer Reise unbedingt beim Tierarzt beraten lassen!**

8 Türkei

Klima ★★★
Hundefreundlichkeit ★★★
Organisation & Reisedauer ★★★

Wunderschöne Städte, tolle Küstenlandschaften, spannende Kultur – für Menschen kann ein Türkeiurlaub eine großartige Reiseerfahrung sein. Hunde bleiben jedoch besser zu Hause, da sie an vielen Orten nicht erlaubt sind und Ihnen so vieles verwehrt bleibt.

9 Griechenland

Klima ★★★
Hundefreundlichkeit ★★★
Organisation & Reisedauer ★★★

Leider ist Griechenland kein besonders hundefreundliches Land. Das gilt besonders für große Hunde. Den Vierbeiner an belebte Orte, zu Sehenswürdigkeiten oder in Restaurants mitnehmen ist eher nicht möglich.

10 Dänemark

Klima ★★★
Hundefreund-lichkeit ★★★
Organisation & Reisedauer ★★★

Dänemark ist schön, doch leider gibt es sehr strenge Hundegesetze. Besser die Warnung von Tierschutzorganisationen ernstnehmen und es auf der Landkarte für unbeschwerte Reisen mit Hund ausklammern.

Berühmte Hundemenschen
auf der ganzen Welt

Picasso-Lump-Spurensuche in Barcelona

Name	Pablo Ruiz Picasso
Lebensdaten	25. Oktober 1881–8. April 1973
Tätigkeit	Maler, Grafiker, Bildhauer

Heißt es nicht immer »Picasso und die Frauen«? Vielmehr müsste es lauten: Picasso und Lump! Zu diesem hatte der Maler eine einzigartige Verbindung. Kennengelernt haben sich Pablo Picasso und der Dachshund am 19. April 1957, als der Fotograf David Douglas Duncan den Künstler besuchte. Es war beiderseitige Liebe auf den ersten Blick, sodass Duncan den Dachshund bei Picasso ließ. Weil dieser seinen Gefährten oft malte, lässt es sich wunderbar auf Picasso-Lump-Spurensuche gehen, z. B. im **Picasso-Museum in Barcelona**. Dort hängt eine Picasso-Version von Velázquez *Las Melinas* – mit Lump. Duncan hat auch ein Buch zu dieser Hund-Mensch-Freundschaft veröffentlicht: *Lump: The Dog who ate a Picasso*.

Elvis Presley und sein Cherry in Bad Nauheim

Name	Elvis Aaron Presley
Lebensdaten	8. Januar 1935–16. August 1977
Tätigkeit	Sänger

Schon gewusst: Elvis Presley war ein Tierfan. Besonders Hunde liebte er. Er verschenkte sie sogar oft. Zum Beispiel kaufte er seiner Mutter einen Zwergspitz namens Sweat Pea und seiner späteren Frau Priscilla einen Pudel namens Honey. Der King of Rock 'n' Roll selbst hatte in seinem Leben beispielsweise zwei dänische Doggen (Brutus und Snoopy), einen Collie (Baba) und einen Chow-Chow (Get-Low). Als er in Deutschland stationiert war, kaufte er sich 1958 einen Pudel und nannte ihn Cherry. Mit seiner Version eines Songs schrieb Elvis Musikgeschichte. Der Name? *Hound dog* natürlich! Die deutschen Fährten von Elvis kann man übrigens in **Bad Nauheim** verfolgen. Hier lernte er 1959 übrigens auch Priscilla kennen.

Königliche Hundegräber in Sanssouci

Name   Friedrich II.
(Friedrich der Große)

Lebensdaten 24. Januar 1712–
17. August 1786

Tätigkeit   König von Preußen

Friedrich der Große (»Der Alte Fritz«) soll gesagt haben: »Hunde haben alle guten Eigenschaften des Menschen, ohne gleichzeitig ihre Fehler zu besitzen.« Kein Wunder, war der König von Preußen doch ein großer Hundeliebhaber. Besonders Italienische Windspiele hatten es ihm angetan. Drei seiner Lieblingshunde hießen Biche, Alkmene und Superbe. Seinen jeweiligen Lieblingshund nahm er mit ins Bett und fütterte ihn am Tisch. Noch heute kann man die Gräber der Hunde Friedrichs des Großen besuchen, und zwar im **Schlosspark von Sanssouci in Potsdam**, Brandenburg. In der Gruft liegt der Hundeherr auch selbst – aber erst seit 1991, als sein testamentarischer Wunsch erfüllt und er dorthin umgebettet wurde.

FRIEDRICH DER GROSSE

Was Hundemenschen über andere Länder zu wissen glauben

»(Nur in) China essen sie Hunde!«

Dass in China Hunde auf dem Teller landen, ist leider wahr. **China ist aber kein Einzelfall**, in Ländern wie Korea, Vietnam oder Kongo stehen Hunde ebenfalls auf dem Speiseplan. Auch in Europa ist es nicht verboten, Hundefleisch zu essen – z. B. in der **Schweiz**.

»In Ägypten sind Hunde heilig!«

Richtig ist: Im alten Ägypten hatten viele Tiere einen ganz anderen Stellenwert als heute. Man denke z. B. an den oft als schwarzen Hund dargestellten **Totengott Anubis**. Im heutigen Ägypten gelten Hunde allerdings nicht als heilig.

»Die Nepalesen verehren Hunde wie Götter!«

Jährlich wird in Nepal das **fünftägige Tihar** gefeiert. Am zweiten Tag werden Hunde mit Blumen geschmückt und mit Leckereien gefüttert, um ihnen für ihre Treue zu danken. Auch gelten sie als **Boten des Todesgottes Yama**, der besänftigt werden soll. Im übrigen Jahr fristen die vielen Straßenhunde aber ein eher trauriges Dasein.

»In der Schweiz retten Bernhardiner Lawinenopfer!«

Der Bernhardiner mit dem Rumfässchen um den Hals? Leider eine Mär, denn das Fässchen haben sie wohl nie getragen. Obwohl früher im Schnee eingesetzt, sind die heutigen **Bernhardiner meist zu schwer für Rettungsaktionen**. Sie würden selbst im Schnee versinken.

»Die meisten Hunde in Europa leben in England!«

Hunde gehören zur englischen Tradition, das sieht man nicht nur an den **Corgis der Queen**. Trotzdem gibt es dort nicht die meisten Hunde. Deutschland hat mit 10,7 Millionen mehr als das Vereinigte Königreich mit 8,5 Millionen.

»Die Deutschen haben hauptsächlich Schäferhunde!«

Dass die Deutschen Schäferhunde lieben, stimmt. Gemessen an Registrierungen bei TASSO gibt es aber **zwei Hunderassen, die ihnen den Rang ablaufen**: der Mischling und der Labrador Retriever.

»Im Irischen Wolfshund steckt ein Wolf!«

Könnte man bei diesen imposanten Hunden denken, der große Vierbeiner hat seinen Namen aber aus einem anderen Grund: Ursprünglich eingesetzt wurde diese Hunderasse auch für die **Jagd auf Wölfe**.

»In den USA werden Hunde wie Spielzeug verkleidet!«

Wenn man auf manche Promis schaut, ist das nicht falsch. Dass in 50 Staaten mit mehr als 330 Millionen Einwohnern und über **70 Millionen Hunden** den meisten von ihnen die Krallen lackiert werden, ist eher unwahrscheinlich.

»In Frankreich waren Pudel schon immer *en vogue*!«

Man kennt sie, diese Bilder von frisierten Pudeln. Doch in der Modestadt Paris sollen die lockigen Hunde bis in die 1950er-Jahre zur **Kanalreinigung durch die unterirdischen Rohre getrieben** worden sein. Nicht ganz so *en vogue*.

»In Russland leben die klügsten Hunde!«

So ein Quatsch ... oder? Tatsächlich gibt es in Moskau ein Phänomen, das Biologen beschäftigt. Dort **nutzen Hunde systematisch die Metro**, um morgens in die Stadt zu fahren, wo es viel Futter abzugreifen gibt. Abends fahren sie wieder in die Vororte zurück.

Essen und Trinken
für Hundemenschen

Gemessen an unseren Hunden sind wir Halter und Halterinnen fast schon anspruchslos, wenn es ums Essen geht. Wir freuen uns über lokale Spezialitäten wie Pasta in Italien, Fish and Chips in England oder ein Barbecue am Strand. **So einfach ist das bei unseren Vierbeinern natürlich nicht, denn die sind in Sachen Futter echte Routiniers.** Das weiß jeder, der schon einmal das Hundefutter wechseln musste. Ganz langsam muss das über Tage und manchmal Wochen »eingeschlichen« werden, damit der Vierbeiner nicht mit einem flotten Otto reagiert.

Für den lang ersehnten Urlaub bedeutet das: **Das Hundefutter muss mit.** Je nach Urlaubsdauer und Gefährt kann es unter Umständen schon schwierig werden, den 20-Kilo-Sack Trockenfutter oder die Palette Dosennahrung in den Koffer zu stopfen. Doch es gibt ein paar Lösungsideen:

Futter-Hack #1

Bestellen Sie das Hundefutter einfach rechtzeitig und lassen Sie es nach Absprache mit ihrem Vermieter **an ihre Urlaubsadresse liefern**. Ist ein Versand dorthin vom Hersteller oder Onlineshop nicht möglich, dann bestellen Sie es erst nach Hause und senden Sie es im Anschluss an den Urlaubsort.

Futter-Hack #2

Wenn Sie Ihren Hund barfen, lautet die gute Nachricht: Nahezu überall gibt es Fleischereien, Märkte oder Barf-Shops, bei denen Sie frisches Fleisch kaufen können. Informieren Sie sich schon im Vorfeld, wo Sie fündig werden. Für das Gemüse können Sie in der Zeit des Urlaubs auf **getrocknete Flocken** zurückgreifen, die in Wasser eingeweicht werden. Zweite gute Nachricht: Auf Hunde ausgerichtete Ferienhäuser verfügen immer öfter über Kühltruhen. Vorher nachfragen lohnt sich!

Futter-Hack #3

Ihr Hund bekommt **Nassfutter**, aber das nimmt einfach zu viel Platz weg? An den Urlaubsort liefern lassen geht auch nicht? Wenn der Geschmackssinn Ihres Hundes und sein Magen-Darm-Trakt nichts einzuwenden haben, beginnen Sie rechtzeitig mit einer **temporären Umstellung auf Trockenfutter**. Das lässt sich leichter und platzsparender transportieren als palettenweise Dosenfutter.

Futter-Hack #4

Trockenfutter am besten in **luftdichte Plastikboxen** oder feste, wiederverschließbare Plastikbeutel umfüllen. Das hat gleich zwei gute Gründe: Erstens wird so ein gerissener Futtersack im Auto oder Koffer zu einem Puzzle mit mehr als tausend Teilen. Zweitens verhindern Sie so, dass das Futter feucht wird und sich schlimmstenfalls auch noch Schimmel bildet. Wie bei Dosenfutter gilt auch hier: **Dunkel und trocken lagern**, dann klappt's auch mit dem Urlaub.

Ist der Hund dann versorgt, können Sie sich endlich auch nach Restaurants mit lokalen Spezialitäten für sich selbst umsehen. Immer gut dabeizuhaben: Eine zusammenfaltbare Hundedecke sowie einen Reisenapf für Wasser. Den gibt es mittlerweile auch in sehr taschentauglichem Format. So kann ihr bester Freund gut versorgt entspannen, während Sie es sich schmecken lassen.

Hund ist nicht gleich Hund

Hunde sind für uns Familienmitglieder. Doch in der Brust unserer Vierbeiner schlagen zwei Herzen: Im besten Fall sind sie gern bei ihrem Menschenrudel, weil eine starke Bindung besteht. Doch trotzdem bleibt er ein Hund, bei dem Ursprung und Zucht eine wichtige Rolle spielen. Wissen Sie, wofür die Rasse Ihres Hundes ursprünglich eingesetzt wurde?

Wenn Sie einen **Rhodesian Ridgeback** haben, dann wundern Sie sich nicht über sein Interesse an Tieren, die größer sind als er. Ursprünglich wurde diese Rasse in Afrika für die Jagd auf Großwild gezüchtet. Wenn Ihr Ridgeback also mal einem Löwen nachjagen sollte, wissen Sie warum.

Sie bekommen Ihren **Pudel** im Urlaub kaum aus dem Wasser? Kein Wunder: Pudel sind auf die Wasserjagd spezialisiert. Da macht auch das dichte Fell plötzlich sehr viel Sinn.

Aufpassen beim Wandern in Wassergebieten müssen Sie auch, wenn Sie einen **Airedale Terrier** halten. Ihre Jagdleidenschaft sind Fischotter. Und die gehören zu den streng geschützten Arten.

Ihr **Langhaarcollie** möchte, dass Sie alle immer schön zusammenbleiben? Dann ist er eigentlich nur sehr gut in seinem Job. Collies gehören zu den klassischen Hütehunden und wurden von Schäfern in den schottischen Hochmooren eingesetzt. Wenn es also nach Ihrem Hund geht, dann entfernen Sie sich im Urlaub bitte nicht zu weit von der Gruppe.

Falls Sie die Ursprünge noch nicht kennen, die in Ihrem Hund stecken, begeben Sie sich mal auf eine kleine Recherchereise. Das kann auch für die nächste echte Reise nicht schaden.

4

Übernachten für Hundemenschen

Wie man sich (Hunde)bettet
Unterkünfte mit Hund – das ist ja immer ein Kapitel für sich. Wo »hundefreundlich« draufsteht, ist manchmal »gar nicht so hundefreundlich« drin. Die beste Vorgehensweise: Vorher anrufen, den Hund beschreiben und direkt nachfragen. Dann verreisen Sie auf der sicheren Seite.

so bette ich mich
am besten

W ie man sich bettet, so liegt man«, heißt es. Und wo Hund sich bettet, sollte er möglichst zur Ruhe kommen können. Genau dafür finden Sie hier ein kleines Unterkunft-Ranking mit Vor- und Nachteilen.

Hotel

➕ Es ist immer jemand da, der sich auskennt – und hier gibt es ihn, den Zimmerservice!

➖ Auch wenn Hunde erlaubt sind, muss hier viel Rücksicht auf andere Gäste genommen werden.

Ferienhaus/-wohnung

➕ Hier urlaubt es sich ruhig, und es gibt genug Raum, damit sich Mensch und Hund entspannen können.

➖ Wer sich ungern selbst versorgt, hat den Nachteil: Hier gibt es keinen Zimmerservice.

Zelt/Campingplatz/ Wohnmobil

➕ Die Natur wartet direkt vor der Auto- bzw. der Zelttür. Nicht nur für den Hund ein Traum!

➖ Auf Camping- oder Stellplätzen herrscht meist eine generelle Leinenpflicht.

Bed & Breakfast

➕ Meist ruhiges Zimmer und keine Frühstücksplanung nötig. Die Leute kennen sich in der Gegend aus.

➖ Neben dem Frühstück heißt es: Selbstversorgung meist ohne zur Verfügung stehender Küche.

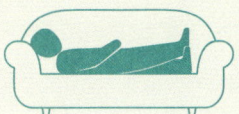

Couchsurfing

➕ Mit Glück lernt man hundefreundliche Locals kennen, die spannende Geheimtipps geben können.

➖ Unter Umständen gibt es wenig Privatsphäre. Eventuell täglich wechselnde Ruheorte bedeuten extremen Stress für den Vierbeiner!

Hostel/Jugendherbergen

➕ Der Preis ist oft unschlagbar, und es gibt Einzelzimmer, sodass Privatsphäre genossen werden kann.

➖ Die Lautstärke durch Partymenschen kann groß sein. Die Betten sind meist wenig komfortabel.

Nachtzug

➕ Im eigenen Abteil, während man schläft, von A nach B reisen – wie praktisch!

➖ Geräusche und Ruckeln bedeuten oft Stress für Hunde. Spontane Pipi-Pausen sind nicht drin.

Übernachtungs-
horror

Es hätte der perfekte Kurzurlaub werden können – nur meine Podenca Janne und ich, die Natur und ein paar Bücher. Wie gesagt: hätte.

22:30 Uhr

Als wir in unserem Hotel ankommen, ist es spät. Da ich vorhabe, ganz früh den Sonnenaufgang überm Meer zu bewundern, will ich nur noch schlafen. Ganz im Gegensatz zu Janne. Aufgekratzt läuft sie im Raum herum. So kenne ich sie eigentlich nur von der Mäusejagd auf Äckern.

Es dauert eine Minute, bis mein müdes Hirn kombiniert, doch dann sitze ich kerzengerade im Bett: **Mäuse?!**

Glauben Sie mir: Ich habe nichts gegen die kleinen Nager, wirklich nicht. Aber versuchen Sie mal bei einer Podencojagd ein Auge zuzubekommen. Diese Hunde springen dabei nämlich wie Kängurus. Es dauert nicht lange und ich halte die **Geräuschpalette** – Rascheln (Maus), Tap-tap-tap (Janne), Stille (beide), Kra-Wumm (Janne) – nicht mehr aus.

23:45 Uhr

Dank des bemüht freundlichen Nachtportiers beziehen Janne und ich ein Zimmer im Obergeschoss. Mein Plan geht auf: keine Mäuse.

Zur Beruhigung gebe ich Janne ein paar von den getreidefreien **Begrüßungsleckerlis mit Huhn**, die auf dem Tischchen liegen. Erleichtert falle ich in die Laken. »Wie nett«, denke ich noch, »getreidefrei. Vorausschauend auch. Es gibt so viele Hunde mit **Magenproblemen**.«

1:25 Uhr

Zum Beispiel meinen. Gerade haben wir zwei Runden **Durchfall** hinter uns. Ein einziges Mal gebe ich Janne nicht ihre erprobten Leckerlies – und dann das! Fröstelnd stehe ich draußen und sehe zu, wie mein Hund haufenweise Gras in sich reinstopft. »Wenigstens kann es kaum schlimmer werden«, murmle ich und kratzte mich am Hals. Und am Arm. Und am Bein.

1:45 Uhr

Es ist schlimmer geworden. Viel schlimmer. Mit verschränkten Armen und hängenden Augenringen stehe ich vor meinem Bett. Die Decke ist aufgeschlagen. Zwar habe ich noch nie welche gesehen, aber ich bin sicher: So sehen **Bettwanzen** aus. Müde kratze ich mir die Seite.

2:15 Uhr

Der Nachtportier ist **nicht mehr freundlich** und bemüht sich auch nicht mehr darum. Offenbar glaubt er, ich habe zu hohe Ansprüche. Wo ich doch schon so doof war, diese Unterkunft zu buchen. Da hat er nicht ganz unrecht. Dieses Super-Last-Second-Angebot hat wahrscheinlich nur auf einen Dummen gewartet, als ich vorbeikam. Diskussionen bringen nichts.

3:00 Uhr

Janne und ich schlafen friedlich. Meine Füße liegen auf dem Lenkrad, Janne sabbert ein bisschen auf die Polster. Alles in allem wirkte der **Autobahnrastplatz** einigermaßen sicher und gemütlich. So im Dunkeln.

5:07 Uhr

Die Sonne, die langsam über der A19 aufgeht, versucht uns mit ihren Strahlen wach zu kitzeln. Bevor sie es schafft, lässt ein **Lkw** mit voller Möhre sein Horn erschallen. Ich sehe, wie ein Mann mit Kulturbeutel vor Schreck fast gegen unsere Windschutzscheibe springt.

»Na Kalli, biste jetze ordentlich wach?«, lacht es aus dem Führerhaus.

»Nicht nur Kalli«, denke ich.

Jenseits aller Ausgeschlafenheit sehe ich mich um. Immerhin: Den geplanten Sonnenaufgang haben wir vor unseren Nasen. Mein Blick wandert weiter zur Tankstelle: Und Kaffee gibt's auch.

Die Top-10-Unterkünfte
für Hundemenschen

1 Übernachtung im Krimihotel

Mordsmäßig spannender Aufenthalt in der Vulkaneifel: In »Deutschlands erstem **Krimihotel**« sind Menschen und Hunde willkommen.

Das Krimihotel | Am Markt 14 | 54576 Hillesheim | Deutschland, Rheinland-Pfalz | ★★–★★★ | www.krimihotel.de

2 Wellness exklusiv für Hundemenschen

Ein Wellnesshotel NUR für Hundemenschen! Das gibt es in Bayern und heißt **Seehotel Moldan**. Hunde dürfen überall mit hin und es gibt 10.000 Quadratmeter eingezäunte Spielwiesen.

Seehotel Moldan | Seestraße 10 | 84389 Postmünster | Deutschland, Bayern | ★★–★★★ | www.dogotel.de

3 Surfer-Feeling im Beach Motel

Füße hoch und einfach mal abschalten – das ist das Motto des **Beach Motel St. Peter Ording**. Kleine Überraschung für den Hund? Dann die »Lucky Dog Box« dazu buchen!

Beach Motel SPO | Am Deich 31 | 25826 St. Peter-Ording | Deutschland, Schleswig-Holstein (Nordsee) | ★★–★★★ | www.beachmotel-spo.de

4 Ahoi mit Hausboot!

Hund und **Hausboot**! Einfach mal mit dem Vierbeiner in der Natur herumschippern – zum Beispiel auf der Müritz (auch für Hausboot-Anfänger geeignet).

Hausboot-Urlaub in vielen Ländern Europas | ★★★ | www.bootsreisen24.de

5 Hundespaß auf dem Bauernhof

Wie klingt Chiemsee mit Naturbadeteich und Fasssauna? Auf zum **Seimehof**! Die haben sogar eine »Pfoten-Klassifizierung« vom Deutschen Tourismusverband und Gefrierschränke für Barfer.

Seimehof | Wimpasing 1 | 83233 Bernau | Deutschland, Bayern | ★★–★★★ | www.seimehof.de

6 Von Rittern und Burgfräuleins

Übernachten im hundefreundlichen Burghotel plus Aktivurlaub mit Kanu und SUP und Wellness im UNESCO-Biosphärenreservat Flusslandschaft Elbe. Gibt's beim **Ahead Burghotel**.

ahead burghotel | Burgstraße 3 | 19309 Lenzen | Deutschland, Brandenburg | ★★–★★★ | www.aheadhotel.de

7 Zeitreise ins Mittelalter

In einem alten Fachwerkhaus nächtigen, die mittelalterlichen Gässchen von Wernigerode entdecken, abends am Kamin sitzen, und am nächsten Tag mal auf den Brocken klettern. Möglich ist das alles im Harz und beim **Travel Charme Hotel**.

Gothisches Haus Wernigerode | Marktplatz 2 | 38855 Wernigerode | Deutschland, Sachsen-Anhalt | ★★–★★★ | www.travelcharme.com/hotels/gothisches-haus-wernigerode

8 Auf Stelzen unterm Sternenhimmel

Schon mal in einem echten Baumhaus übernachtet? Der Hund bestimmt nicht, oder? **Im Baumhaushotel Krautsand** sind Hunde und ihre Familien willkommen.

Baumhaushotel Krautsand | Schanzenstraße 23 | 21706 Drochtersen-Krautsand | Deutschland, Niedersachsen | ★★–★★★ | www.baumhaushotel-deutschland.de

9 Prost auf dem Weingut

Ein Traumurlaub zwischen mehreren Hektar Obst- und Weinbaufläche, die von einem traditionellen Familienbetrieb geleitet werden, klingt ja schon wunderschön. »Hundefreundlich« noch viel besser!

Weingut Moser | Unterplanitzing 13/a | I-39052 Kaltern | Italien, Südtirol | ★★–★★★ | www.weingutmoser.it

10 Residieren in einer spanischen Villa

Panoramablick aufs Meer, kilometerlanger Hundestrand vor der Schnauze – und der Vierbeiner wohnt kostenlos. Was wollen wir Meer? Nicht vergessen: Gefahr durch Mittelmeerkrankheiten, Tierarzt befragen!

Strandvilla Cumbre | Carrer Perello 4 | 43519 Urbanisation Perrelló-Mar | Spanien, Ebrodelta | ★★–★★★ | www.top-hundeurlaub.de/angebote/strandvilla-cumbre-mit-meerblick

wo **kann ich buchen?**

D er Place-to-be, um sich übers Reisen mit Hund schlau zu machen, ist das **Internet**. Es gibt unzählige Websites, Blogs und Social-Media-Accounts, die genau darüber berichten. Es gilt hier nur ein wenig zwischen Authentizität und bezahlter Werbepartnerschaft zu unterscheiden, die manchmal nicht so eindeutig gekennzeichnet ist, wie sie sein sollte.

Empfehlen können Janne und ich die Reiseportale **Hundeurlaub** (www.hundeurlaub.de), **Ferien mit Hund** (www.ferien-mit-hund.de) oder **Top Hundeurlaub** (www.top-hundeurlaub.de). Hier lassen sich ohne großen Aufwand Ferienhäuser, Ferienwohnungen, Fincas, Chalets, Hütten, Hotelzimmer oder Appartements suchen und sogar günstige Last-Minute-Angebote finden (keine Sorge, nicht solche schrecklichen Last-Second-Angebote wie oben beschrieben!). Und das nicht nur in Deutschland, sondern europaweit.

Übrigens: Auch bei den **großen Buchungsportalen** wie Booking. com (www.booking.com) lassen sich hundefreundliche Unterkünfte finden. Dazu müssen Sie bei der Suche einfach den Filter »Haustiere erlaubt« aktivieren.

Wenn Sie selbst keine Zeit für lange Recherchen haben, aber auf jeden Fall »im Rudel reisen«, können Sie sich dort individuell beraten lassen. Wenn Sie Aktivurlaub suchen, wandern möchten oder einfach nicht alleine unterwegs sein wollen, dann schauen sie mal auf **Travel4dogs** (www.travel4dogs.de) vorbei. Hier finden Sie passende Kurz- oder Gruppenreisen für Hundemenschen.

5

Fortbewegen für Hundemenschen

Freie Fahrt mit Hund

Zug, Bus, Flieger, Auto, Fahrrad: Der Mensch
hat zig Fortbewegungsmittel erfunden, um von
einem Ort zum nächsten zu kommen. Doch welche
»Menschengefährte« eignen sich auch für Hunde?
Bei der Anreise mit Hund gibt es einiges zu beachten.
Das fängt schon am Abreisetag zu Hause an ...

A

B

Der perfekte
Abreisetag

Abreisen

Guten Morgen

Der Abreisetag sollte vor allem eines sein: **entspannt**. Atmen Sie tief durch und trinken Sie gemütlich eine Tasse Kaffee. Ihr Hund erkennt Ihre Anspannung sofort und macht solidarisch mit. Je gelassener Sie sind, desto besser.

Die Gegend »absichern«

Gehen Sie eine **Runde Gassi**, damit Ihr Hund sich wie gewöhnlich lösen kann. So startet der Tag für den Vierbeiner wie immer.

Hundefrühstück

Ihr Hund sollte zwei Stunden vor Abreise nichts mehr essen, falls Aufregung oder Reiseübelkeit aufkommen. Sonst heißt der Filmtitel für heute: »Hunde, die auf Taschen kotzen«. **Füttern Sie Ihren Hund also rechtzeitig ...**

Siesta

... damit er noch Zeit hat, zu verdauen. **So gestärkt reist es sich angenehmer**.

Gepäck-Check

Überprüfen Sie derweil ein letztes Mal, ob Sie **alles eingepackt haben**. Näpfe, Futter und Wasser sollten Sie für unterwegs griffbereit haben.

Ankommen

Stress abschütteln

Reisen bedeutet Stress. Also heißt es nun, die **Anspannung abschütteln**, sich strecken, einen Kauknochen bearbeiten ...

Kleine Erkundungstour

... und ein kurzer **Umgebungscheck**. Laufen Sie eine kleine Runde und geben Sie Ihrem Hund Gelegenheit, die neuen Gerüche aufzunehmen und seine eigene Duftmarke zu setzen.

Fressstation

Bieten Sie Ihrem Hund etwas **Futter** an und stellen Sie **Wasser** bereit, auch wenn Ihr Hund vielleicht nicht sofort essen möchte. Völlig normal. Sollte Ihr Hund aufgedreht sein, schicken Sie ihn auf seinen Platz. Erst mal ...

Platz finden

Am besten ist für den Vierbeiner ein **Schlafplatz ohne Zugluft**, wo er runterfahren kann. Tipp: In ihrer Box können sich Hunde auch an ungewohnten Orten in »ihr Reich« zurückziehen.

Ausruhen

... Runterkommen ist angesagt. Auch wenn Ihr Hund auf der Fahrt einen ruhigen Eindruck gemacht hat: **Fehlende Routine bedeutet Aufregung.** Noch befinden sich in seinem Blut viele Stresshormone, die Zeit brauchen, um abgebaut zu werden.

»Startschüsschen« für den Urlaub

Wieder wach? **Dann kann der Urlaub losgehen.** In den ersten Tagen noch ohne viel Aufregung, denn dann haben Sie für den Rest des Urlaubs einen viel entspannteren Hund.

Das große
Verkehrsmittel-Ranking

Platz #10 Nur für Wasser-ratten: Kanu

Hunde, die es gewöhnt sind, freuen sich über eine Kanufahrt mit Sprung ins Nass. Für den Rest kann Kanufahren ähnlich sein wie zu viel Salz in der Suppe: ungenießbar. **Hunde können genau wie Menschen seekrank werden.** Manchmal reicht da schon ein Kanu. Wichtig: Schwimmwesten für Mensch und Hund nicht vergessen!

Platz #9 Für halbe Was-serratten: Salonboot

Weniger wackelig und deshalb etwas angenehmer ist eine Grachtenfahrt mit einem Salonboot. Das kann man z. B. in **Amsterdam** machen, da hier auch Hunde auf den historischen Booten erlaubt sind. Besser als ein Touri-Dampfer allemal!

Platz #8 Unter den Wol-ken: Schwebebahn

Mit der **Wuppertaler Schwebebahn** soll im Jahr 1950 die Elefantendame Tuffi mitgefahren sein. »Dann kann mein Hund das auch«, möchte man denken. Naja. Folgendes soll passiert sein: Das große Rüsseltier sprang vor lauter Panik aus dem Seitenfenster und landete – glücklicherweise unverletzt – zehn Meter tiefer in der Wupper. Also das Ganze eher aus der Ferne bewundern.

Platz #7 Auf die Pfoten treten: Omnibus

Im Grunde sind Stadtrundfahrten gut, wäre es nur nicht so eng in Bussen. Uns Menschen kann man auf zwei Füße treten, unsere Hunde haben gleich doppelt so viel Angriffsfläche. Meist gibt es auch eine Maulkorbpflicht. **Insgesamt kann eine Busfahrt für den Hund sehr stressig sein.** Bei Aussicht auf volle Busse also lieber laufen.

Platz #6   Gemütlichkeit mit Pedalen: Fahrraddraisine

Schon mal eine Draisinentour gemacht? Das kann man an vielen Orten machen – z. B. im **Pfälzer Bergland**. Einfach durch die Gegend radeln, während der Hund auf der Sitzbank entspannt. Für Menschen, die gern in die Pedale treten, ist das auf jeden Fall ein Erlebnis.

Platz #5   Rattatatam: U-Bahn

Wenn der Hund gut an das Geratter gewöhnt ist, dann ist U-Bahn-Fahren **außerhalb der Stoßzeiten ganz angenehm** und günstig. So kommt man schnell und selbstständig von einem Ausflugsziel zum nächsten. Wichtig: Auch hier gilt meist Maulkorbpflicht.

Platz #4   Gelbes Roulette: Taxi

Ob Taxifahrer bei Hunden erfreut sind oder direkt wieder durchstarten, ist immer ein Glücksspiel. **In Deutschland müssen Taxifahrer Hunde genauso akzeptieren wie Gepäckstücke**, aber die Realität sieht meist anders aus. Zum Glück gibt es Taxifahrer, die sich über vierbeinige Fahrgäste freuen.

Platz #3   Mit der Nase im Wind: eTukTuk

Erfunden haben das Tuk-Tuk zwar nicht die Schweizer, aber sie haben sich etwas Lustiges überlegt: Ein von asiatischen Ländern inspiriertes **Dreirad mit Elektromotor**. Ausprobieren lässt sich dieses eTukTuk mit Fahrer auf einer Stadtrundfahrt in **Zürich**.

Platz #2   Moin: Dünenbahn

Entspannt und hundefreundlich ist die Dünenbahn. Einmal entlang am UNESCO-Biosphärenreservat **Niedersächsisches Wattenmeer**. Schade nur, dass es so eine gemütliche und durch Elektroantrieb emissionsfreie Bimmelbahn nicht überall gibt.

Platz #1   Auto-nom: Mietwagen

Am hundeentspanntesten, aber nicht unbedingt am günstigsten und umweltfreundlichsten ist es, wenn man sich vor Ort einen Mietwagen organisiert. **Unabhängiger kommt man im Urlaub wohl kaum zum nächsten Ausflugsziel.**

(Nicht) ohne
meine StVO

Wenn Sie glauben, dass Deutschland das Land der größten Paragrafenreiter ist, dann werfen Sie mal einen Blick auf folgende Fundstücke! Zugegeben, das ein oder andere Gesetz ist möglicherweise schon ein wenig veraltet, aber dafür umso amüsanter ...

Turin, Italien
Aller guten Dinge sind drei

In Turin wurde ein Gesetz erlassen, das Folgendes besagt: Hundehalter müssen **mindestens dreimal am Tag mit ihrem Hund Gassi gehen**. Ansonsten winken teure Strafen. Super Gesetz!

Europaweit
Gib mir fünf!

Falls Sie mit mehr als fünf Hunden reisen wollen, sieht es innerhalb der EU schlecht aus. Denn wenn Sie nicht gerade zu einer Teilnahme bei Wettbewerben, Ausstellungen oder Sportveranstaltungen reisen, gelten für ihre Reisegruppe die **Gesetze für den Handel mit Tieren**.

Shanghai, China
Alle mit einem

Eine Chinareise mit Hund ist aufgrund des hohen Aufwands eh nicht zu empfehlen. In Shanghai sollten Sie sich generell nicht mit mehr als einem Hund blicken lassen. Dort existiert die »**One-dog policy**«, die pro Haushalt nur einen Vierbeiner erlaubt.

Loch Ness, Schottland
Sicher ist sicher

Sollten Sie je an dem berühmten See spazieren gehen, passen Sie bloß auf, dass Ihr Vierbeiner keine Jagd auf Seeungeheuer macht. Man munkelt, dass es im Vereinigten Königreich ein Gesetz gibt, das Nessie unter Naturschutz stellt – falls sie doch existiert. Ob das stimmt? Fraglich. Doch wie gesagt: Sicher ist sicher.

Deutschland
Kein Besitzanspruch

Vielleicht braucht man dieses Wissen ja irgendwann einmal auf Reisen: Wenn Ihr Hund einen Kothaufen auf ein Privatgrundstück setzt, dann erwirbt der Eigentümer des Grundstücks nichts automatisch auch **Eigentum an der Hundekacke**. Tja.

Deutschland
Und eins, zwei, drei, vier ...

Sollten Sie mit einer Wandergruppe in Deutschland unterwegs sein, laufen Sie besser nicht im Gleichschritt über Brücken. Das regelt Paragraf 27, Absatz 6 der StVO. Warum? **Gleichschritt kann Schwingungen erzeugen**, die Brücken beschädigen könnten.

Frankreich
Keine Küsse in Paris

Geben Sie ihrem Vierbeiner bloß keinen **Schmatzer auf einem Bahnübergang**. Das ist da nämlich verboten. Eigentlich eher für Pärchen. Die Küsse waren angeblich Grund für viele Unfälle und Zugverspätungen.

Großbritannien
Aufpassen beim Postkartenschreiben

Sollten Sie Briefmarken mit dem Gesicht der Königin auf die Karte kleben wollen: Achten Sie unbedingt darauf, dass der Kopf richtig herum steht. Sonst gilt das nämlich als **Landesverrat**.

Schweiz
Pssst!

Achten Sie in Wohn- und Erholungsgebieten in der Schweiz unbedingt darauf, sehr leise die Autotür zuzumachen – selbst wenn der Hund noch so zerrt. **Lautes Autotürenzuknallen ist hier nämlich verboten**. Das gilt übrigens auch fürs Draußen-Wäsche-Aufhängen an Sonntagen.

Oklahoma, USA
Warum denn so ernst?

Sollten Sie mal in Oklahoma sein, schneiden Sie Ihrem oder anderen Hunden **keine Grimassen**. Dort ist das angeblich untersagt.

Was mache ich,
wenn ...?

... ich die Hundehaare in der Ferienwohnung beseitigen möchte und keine Fusselbürste da ist?

Dann greifen Sie zu einem **Scheibenabzieher**. Mit etwas Wasser angefeuchtet, funktioniert der auch bei Hundehaaren auf Teppichen und Polstern. Auch der ist nicht in Sicht? Dann Gummihandschuh überziehen, anfeuchten, und die Haare bleiben kleben.

... der Hund unterwegs eine Erfrischung braucht?

Besorgen Sie sich beim nächsten Fast-Food-Shop **ein paar Eiswürfel** und zerstoßen sie diese, damit der Hund sie nicht im Ganzen runterschluckt. Im Napf bietet das »Crushed Ice« gleichzeitig Beschäftigung und ist angenehm kühl auf der Hundezunge.

... der Hund unterwegs eine Dusche braucht?

Klassiker: Man will irgendwo rein, und genau jetzt hat der Hund Schlamm an den Pfoten oder im Fell. *Hack:* **Wasserflasche kaufen, Löcher in den Deckel oder den Boden stechen** – schon haben Sie eine mobile Hundedusche.

... ich den Hundenapf vergessen habe?

Dann tut es auch eine **Plastiktüte** oder ein großer Kotbeutel. Einfach den Rand bis zur Hundenapfform ein paarmal umkrempeln.

... draußen sofort Ameisen zum Hundenapf pilgern?

Gegen Ameisenstraßen, die in den Hundenapf führen, hilft **Straßenkreide**. Einfach einen dicken »Bannkreis« um den Napf malen.

... der Hund in der Ferienunterkunft plötzlich nicht mehr stubenrein war?

Wenn der Teppich etwas abbekommen hat: **Backpulver drauf, trocknen lassen und danach wegsaugen**. Das neutralisiert den Geruch.

... wenn die Ferienunterkunft möglichst frei von Dreckpfoten bleiben soll?

Es empfiehlt sich immer, eine **Chenille-Bademaatte** mitzunehmen. Die gleich nach der Ankunft hinter die Haustür legen – sehr saugfähig und gut zum Pfoten abputzen!

... das Fotomotiv perfekt ist, aber der Hund nicht guckt?

Einfach ein **Leckerli knapp über die Kamera halten**. Dann wendet der Vierbeiner die Augen gar nicht mehr ab.

... der Hund im Urlaub krank wird, aber die Medikamente nicht nehmen will?

Besonders Tabletten sind schwierig zu verabreichen und werden aus Leberwurst und Co. wieder herausgepult. **Gut funktioniert es oft mit einer Rigatoni.** Einfach die Tablette in die gekochte Nudel packen und – zack – weg ist das Heilmittel.

... es draußen ungemütlich ist, aber der Hund beschäftigt werden will?

Hundespielzeug vergessen? Dann nehmen Sie eine leere Plastikflasche (am besten eine feste, damit Ihr Hund sie nicht zerbeißen kann) und befüllen Sie diese mit ein paar Leckerlis. Stechen Sie zwei oder drei Löcher in die Flaschenwände, durch die gerade so ein Leckerli passt. **Ihr Hund wird sich jetzt eine ganze Weile mit der »Futterflasche« beschäftigen**, aus der hin und wieder ein Leckerli rauspurzelt.

... es dem Hund plötzlich sehr schlecht geht?

Dann sofort handeln und ab zum Tierarzt! Haben Sie dafür am besten immer eine vorbereitete Notiz mit Tierärzten in der Gegend parat. Hilfreich können auch Apps wie AnyPetz sein, die weltweit Tierärzte und Tierkliniken gelistet haben.

So reise ich auch
mit »Listenhund« sicher

Ich sag's, wie es ist: Reisen mit »Listenhund« bedeutet Aufwand. Glauben Sie nicht, dass es nur eine einzige Liste gibt! Fast jedes (Bundes-)Land hat eine. Vierbeiner, die auf einer Rasseliste stehen, haben beim Reisen schlechte Karten. Es sei denn, ihre Hundemenschen sind gut vorbereitet (siehe unten).

Wo waren wir? Ach ja: Listen. Nicht zu vergessen die länderspezifischen Einreisebestimmungen. Die sind so einheitlich, dass Sie mit Ihrem Hund in ein Land problemlos einreisen dürfen, von einem anderen aber mit schrecklichen Zauberbannen belegt werden, wenn Sie nur daran denken.

Urlaub mit Hund in Dänemark können Sie z. B. vergessen, wenn ihr Gefährte zu einer der 13 dort verbotenen Rassen gehört. Ein Tosa Inu zum Beispiel. Oder ein Kangal.

Finden Sie also zuerst heraus, ob ihr Vierbeiner am Reiseziel erlaubt ist (Infoquellen: Botschaft, Auswärtiges Amt). Achten Sie auch auf die Länder, die Sie durchqueren. Wollen Sie z. B. nach Spanien, dann gibt es an der französischen Grenze unter Umständen Probleme. Da wird nicht nach Rassen geschaut, sondern nach »Typen«. Ähnelt Ihr Hund einem »verbotenen Hund«, ist sein Stammbaum egal.

Fazit:
Gute Vorbereitung ist alles!

Extra-Packliste für Hunde, die »Aufsehen erregen«:

* ★ sichere Hundeleinen
* ★ Halsbänder, Geschirr
* ★ Maulkorb
* ★ Transportbox
* ★ Impfausweis, Hundepass, Abstammungsnachweis
* ★ polizeiliches Führungszeugnis
* ★ Sachkundeprüfung bzw. Hundeführerschein
* ★ Wesenstestbescheinigung
* ★ Halteerlaubnis
* ★ Haftpflichtversicherungsnachweis

6

Kommunizieren für Hundemenschen

Darf er mal Hallo sagen?
Hunde sind Eisbrecher und bringen Menschen zusammen. Das ist schön, kann aber auch nervig sein. Wann sind Sie das letzte Mal spazieren gegangen, ohne mit jemandem zu sprechen? Doch eigentlich ist es auch schön: Mit Hund unterwegs bleibt man nie lange allein.

Wen lerne ich
unterwegs kennen?

Ruhe genießen, Abenteuer erleben, Erinnerungen sammeln ... und neue Leute kennenlernen. Wer Hundemensch ist und sich von der Menschenwelt abschotten möchte, hat schlechte Karten. Vor allem diesen Zeitgenossen werden Sie im Urlaub begegnen:

Menschen, die nach der Hunderasse fragen
Sagen Sie nicht, Sie hätten diese Frage nicht auch schon eine Million Mal beantwortet!

25 %

40 %

Andere Hundebesitzer
Wer kann es abstreiten, es ist so. Man kommt einfach automatisch ins Gespräch ...

Menschen, die »mal streicheln wollen«
Oder Menschen, die fragen, ob die Kinder mal streicheln dürfen ...

Freilaufende Kleintiere und Vögel
Je nach Rasse, Alter und Jagdleidenschaft Ihres Hundes kann diese Prozentzahl variieren. In beide Richtungen.

»Normale« Menschen
Es gibt sie tatsächlich. Zumindest behaupten das Freunde von Freunden, die das von der Schwester eines Cousins gehört haben.

Diesen einen netten Servicemitarbeiter, der Hunde-Fan ist
Was wären unsere Urlaube ohne diesen Engel, der augenzwinkernd die besten »Hundeplätze« klarmacht.

15 %

13 %

6 %

1 %

Hier kann ich **andere Hundemenschen** treffen

Tagsüber

Ruhend

- Am Hundestrand herumhängen

- Im Park picknicken

- Auf dem Hundeplatz bzw. der Hundewiese fachsimpeln

- Im Außenbereich von Cafés sitzen

Aktiv

- Hundetaugliche Ausflüge unternehmen (z. B. Wanderungen)

- Sightseeing zu den besten Hunde- bzw. Haustier- shops

M anchmal wünscht man sich nichts mehr als vollkommene Abgeschiedenheit und Ruhe ... bis man dann merkt, dass es so allein unter Umständen doch etwas fad sein kann. Keine Sorge, andere Hundemenschen sind nie weit entfernt (auch wenn sie manchmal nerven, siehe Seite 62). Wo Sie welche finden? Mit an Sicherheit grenzender Wahrscheinlichkeit genau hier:

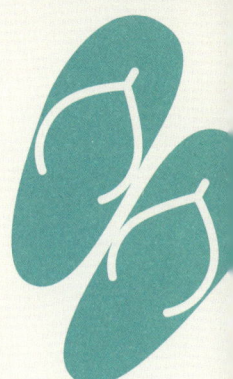

Ruhend

★

Nach lokalen Hundegruppen auf Social Media suchen

★

Auf regionalen Urlaubs- bzw. Eventportalen Freizeitaktivitäten mit Hund recherchieren

★

Hunde-Apps checken – z. B. *Dog's places* (Tipps für hundefreundliche Orte in der Umgebung (Deutschland)

Aktiv

★

In Jogginghose beim letzten Pipi-Gang andere Hundebesitzer in Jogginghosen in Gespräche verwickeln

★

Beim ersten Morgengrauen eine Hunderunde zum Bäcker (der inoffizielle Sammelpunkt für Frühaufsteher aus »Hundegründen«, besonders auf Campingplätzen)

Nachts

Nicht alle Hundemenschen
ticken gleich

Belustigt am Hundestrand ...

... blickt der **US**-Soldat im Ruhestand neben sich auf die **niederländische** Familie und ihren **Kromfohrländer**, der mit der Handtuchecke zwischen den Zähnen vor den Kindern herjagt. Der mit großer Disziplin ausgebildete **Deutsche Schäferhund** des Ex-Soldaten sitzt wie eine Eins im Sand neben ihm und reagiert auf kleinste Handzeichen.

... beobachtet der Jäger aus **Dublin** dasselbe Geschehen. Sein **Irish Red Setter** kann Handtüchern ebenfalls nichts abgewinnen. Sehnsuchtsvoll sitzt der Vorstehhund mit dem Rücken zum Meer und blickt auf das verführerisch wehende Gras auf den Dünen, unter dem sich mit Sicherheit die spannendsten Kaninchenbauten befinden.

... grinst der frisch vermählte Ehemann aus **Kenia** seine neben ihm sitzende Angetraute an. Sie weiß genau, was er gerade denkt. Einen Hund mit in den Urlaub zu nehmen würde Menschen aus Ostafrika eher weniger einfallen. Denn dort haben Hunde wie z. B. der beliebte **Rottweiler** oft einen Security-Job in Sachen Haus und Grundstück.

Erstaunt beim Gassigehen ...

... blickt die allein reisende **Australierin** mit ihrem wanderbegeisterten **Border Collie** auf den voll ausgestatteten **deutschen** Hundemenschen: Outdoor-Jacke, wind- und wasserfeste Hose, Gummistiefel, Mütze, Leckerlibeutel am Gürtel, Hundepfeife um den Hals, Clicker in der Hand. Vor ihm läuft ein brauner **Labrador**.

... beobachtet der deutsche Labrador-Besitzer das zierliche **Italienische Windspiel** der **Schweizer** Dame: Ist das wirklich ein Hund? Angriffslustig wirft die Schweizerin einen bösen Blick zum Labrador-Besitzer.

Sie weiß genau, was in dessen Ober- stübchen vorgeht – und nimmt ihren Schützling auf den Arm, der eigentlich lieber jagen würde, aber was soll man machen.

... sieht der **türkische** Hundehalter auf das italienische Windspiel, den Lab- rador und den Border Collie. »Ziem- lich klein für echte Hunde«, denkt er und tätschelt den Kopf seines jungen **Kangals**.

Auf der Promenade ...

... legt die **Spanierin** mit ihrem **Podenco Ibicenco** eine kleine Trai- ningseinheit ein. Praktischerweise gibt es hier einen kleinen Hunde- garten. Leider bedenkt sie nicht, wie hoch ihr eigensinniger Jagdhund aus dem Stand springen kann. Als ein Dü- nenkaninchen vorbeihuscht, macht das langbeinige Tier einen Satz – und ist weg.

... blickt der **Kanadier** erstaunt neben sich, als erst ein Kaninchen und dann ein Podenco Ibicenco wie Blitze an ihm vorbeischießen. Dabei ist sein **Si- berian Husky**, der seinen Roller zieht, ganz sicher nicht langsam.

Von alldem bekommt der **Xoloitz- cuintle** nicht viel mit. Er sitzt auf sei- ner Decke im Schatten und wird mit großer Sorgfalt von seiner **mexikani- schen** Menschenfamilie mit Sonnen- schutz eingecremt.

Darum nerven die anderen Hundemenschen

Laber-Rhabarber

Es ist wirklich toll, dass der Hund dafür sorgt, dass wir überall Leute kennenlernen. Na gut: Es ist nicht immer toll. Leider hat Janne noch keinen Nerv-Filter. Während ich schon von Weitem sehe, dass sich da gerade eine Labertasche nähert, strebt Janne schon hin. Bei der kleinsten freundlichen Reaktion von Fremden in ihre Richtung, reagiert Jannes ganzes System mit: »Hallo! Komm her zu uns! Juhu!« **Während Janne sich kraulen lässt, erfahre ich dann ziemlich viel über Dinge, die ich nie wissen wollte.**

Die Futterfrage

»Barfen Sie?« »Aber doch kein Trockenfutter?« »Man weiß ja nicht, was in diesen Dosen so drinsteckt!« Ich kann es nicht mehr hören. Wer aus welchen Gründen seinen Hund wie füttert, ist doch bitteschön eine Angelegenheit, in die nicht jeder seine Nase zu stecken hat. Vor allem – ich weiß nicht, ob Ihnen das mal aufgefallen ist – **gibt es auf dieser Welt viel mehr Meinungen als Futterarten**. Gegen ein qualitativ hochwertiges Trockenfutter ist z. B. nichts einzuwenden. Und fürs Reisen ist es optimal.

Das große Fotoshooting

Fotos gehören zum Reisen dazu, und natürlich gehört auch der Vierbeiner mit aufs Bild. Auch wenn der das wirklich nicht leiden kann, da muss er eben kurz mal durch. Schlimm wird es allerdings, wenn der Hund da länger durchmuss. **Es gibt immer und überall diese Hundemenschen, die komplett übertreiben.** Die schießen unzählige Hundebilder vor Sonnenuntergängen und Sehenswürdigkeiten, obwohl der Hund mit jedem

Haar anzeigt, dass er das nicht möchte. Dann bekommt er eben noch die Sonnenbrille und den Hut aufgesetzt – ist das nicht niedlich? Äh ... nein.

Ich hab was für dich!

»Na, wer bist du denn? Schau mal, ich hab da was für dich!« Kennen Sie diese unheimlich netten Hunde-menschen, die immer Leckerlis in der Tasche haben? Man begegnet ihnen überall – in der Bahn, auf dem Markt-platz, am Strand. Schneller als ich gu-cken kann, landet manchmal eines dieser Leckerlis im Maul meines Hun-des. Noch schneller sorgt Janne dann dafür, dass es im Magen verschwin-det – nämlich bevor ich es in die Finger bekommen kann. Schmeckt ja auch gut. Selbst wenn man dage-gen allergisch ist. Mir bleibt dann nur der tiefe Seufzer in den Sonnenhut und Standfestigkeit in den Flipflops.

Im schlimmsten Fall folgt nämlich eine Hunde-Bauchwehnacht ga-lore!

Das geht so nicht!

Und dann gibt es da noch diese **Menschen, die glauben, ihr Hund verstehe sie besser, je lauter sie brüllen.** Die nerven am meisten. Be-sonders am Strand oder wenn man gerade in seinem Liegestuhl auf dem Campingplatz döst. Dass die Hunde auf taub stellen, kann ich vollkom-men nachvollziehen. Würd ich auch gerne machen, kann ich aber nicht. Spätestens beim nächsten »SITZ, HAB ICH GESAGT! SITZ SOLLST DU MACHEN!« ist es mit dem Urlaubs-feeling vorbei.

So komme ich
ans Ziel

an sagt ja, dass viele Wege nach Rom führen. Aber wie bewegt man sich dabei am besten vorwärts? Hier folgen die gängigsten Verkehrsmittel mit Hundebewertung.

1 Auto

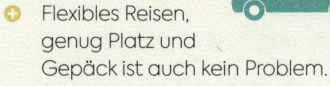

- ➕ Flexibles Reisen, genug Platz und Gepäck ist auch kein Problem.
- ➖ Gut für den Hund, wenn gewohnt, – schlecht fürs Klima.

2 Fahrrad

- ➕ In die Pedale treten, während der Hund im Anhänger den Ausblick genießt.
- ➖ Geht nur bei gutem Wetter.

3 Bahn

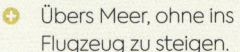

- ➕ Umweltschonender als Autofahren, und man kann sich um den Hund kümmern.
- ➖ Keine Pipi-Pausen, der Hund muss in der Box sitzen bzw. Leine und Maulkorb müssen ran.

4 Bus

- ➕ Man muss nicht selber fahren und kann sich um den Hund kümmern.
- ➖ Der Hund muss in der Box sitzen, Mitnahme oft nicht möglich.

5 Fähre

- ➕ Übers Meer, ohne ins Flugzeug zu steigen.
- ➖ Hund muss seefest sein, und es gelten mitunter strenge Vorschriften.

6 Zu Fuß

- ➕ Perfekte Reisegeschwindigkeit für den Hund.
- ➖ Es geht nur langsam voran.

7 Flugzeug

- ➕ Man kommt schnell und weit weg.
- ➖ Extremer Reisestress für den Hund! Wenn es nicht zwingend sein muss, dann nicht!

7

Aktivsein für Hundemenschen

Und was jetzt?
Einfach nichts tun, die Beine hoch-
legen, ein Buch lesen ... und plötzlich wird's doch etwas langweilig.
Aber was unternehmen? Finden
Sie heraus, welcher Freizeittyp sie
sind – Typ Jagdhund, Typ Herdenschutzhund oder Typ Trickhund –
und lassen Sie sich von den folgenden Vorschlägen inspirieren.

Welcher **Freizeittyp** bin ich?

Beantworten Sie die folgenden Fragen und kreuzen Sie die passende Antwort an:

1 Was denken Sie, wenn Sie das Wort »Adrenalin« hören?

a Adrenalin? Witzig, das ist mein zweiter Vorname – und so heißt auch mein Hund!

b Ist das eine Teesorte?

c Kann mal ganz nett sein, aber in Maßen. Findet mein Hund auch.

2 Ihre erste Bauchentscheidung: Museum, Kneipentour oder Offroad-Wandern?

a Die Wandertour, keine Frage! Wir sind menschen- und hundemäßig auch schon ausgestattet.

b Ich liebe die Ruhe im Museum. Und mein Hund liebt derweil die Ruhe zu Hause.

c Kneipentour! Da können mein Hund und ich auch unsere neuesten Tricks zum Besten geben.

3 Es ist 7 Uhr morgens, der Wecker klingelt und ...

a ... ich bin natürlich schon wach und habe mein erstes Work-out hinter mir.

b ... ich schmeiße ihn gegen die Wand.

c ... mein Hund drückt auf Snooze. Das haben wir trainiert.

4 Wie sieht ein schöner Feierabend bei Ihnen aus?

a Noch mal mit meinem Hund durch den Wald ziehen. Falls uns die Dunkelheit überrascht, habe ich immer eine Stirnlampe dabei.

b Ein gutes Buch, ein prasselndes Kaminfeuer, der Hund an meiner Seite.

c Mit Freunden treffen, eine Runde auf dem Hundeplatz oder ein bisschen Schaufensterbummeln.

5 Meer oder Berge?

a Beides! Solange es viel zu entdecken gibt.

b Definitiv Hundestrand!

c Gerne beides in Reichweite, aber auch schöne Städte mit Kultur.

**6 Anreisetag in einer Hotel-
anlage: Was machen Sie
zuerst?**

a Das Freizeitangebot und mögliche Aktivitäten vor Ort checken.

b Moment ... wo geht's hier zum Spa?

c Ich laufe eine Runde mit dem
Hund. Vielleicht treffen wir schon
nette Leute!

**7 Warum machen Sie
Urlaub?**

a Um neue Dinge zu erleben.

b Um mich zu erholen.

c Um Spaß zu haben.

Auswertung

Zählen Sie nun Ihre Antworten zusammen!

Mehrheitlich Antwort a:
Typ Trickhund – Neues lernen,
Wissen aneignen, unter Men-
schen sein

Gesellig unter Leuten, staunend
durch unbekannte Straßen laufen
und lokales Essen probieren: Sie
lieben es, im Urlaub andere Menschen kennenzulernen, spannende Geschichten zu hören und viel
zu lachen. Ob im Restaurant oder
beim Lagerfeuer ist egal. Als echter »Trickhund« sind Sie ein Garant
für gute Stimmung.

Mehrheitlich Antwort b:
Typ Herdenschutzhund – lesen,
relaxen, schlafen ... nur keine
Aufregung

Lesen, relaxen, schlafen – das Leben im Urlaub ist einfach ... göhn ...
herrlich! Ihnen taugt ein bum-
meliger Tagesablauf mit unauf-
geregtem Urlaubsprogramm. Sie
sind keinesfalls faul oder unauf-
merksam, aber wie so ein richtiger
»Herdenschutzhund« haben Sie
gegen ein bisschen Bewegungs-
losigkeit absolut nichts einzuwenden.

Mehrheitlich Antwort c:
Typ Jagdhund – her mit den
Abenteuern!

Keine Frage: Sie brauchen Action
in Ihrem Leben. Ein Urlaub auf der
Hängematte klappt bei Ihnen nur
ein oder zwei Tage, dann werden
Sie schon wieder hibbelig und
denken: Nutze den Tag! Als Freizeittyp sind Sie ein echter »Jagdhund« – immer auf der Suche
nach neuen Abenteuern für sich
und Ihren Hund.

Die **besten Aktivitäten**
für die Typen Jagdhund, Herdenschutzhund und Trickhund

Hiken	★★★★★ Los geht's!	★★☆☆☆ Aber nur die kleine Runde ...	★★★★☆ In einer Gruppe sehr gerne
Dampferfahrt	★★☆☆☆ Besser wäre Rafting	★★★★★ Eine Bootsfahrt, die ist lustig ...	★★★☆☆ Mal ganz nett
Netflix & chill	★★★★☆ Die komplette Unterforderung	★★★★★ *I'm in heaven!*	★★☆☆☆ Nur bei Regen
Sightseeing	★★★☆☆ Spannende Stadttouren funktionieren	★★★★★ Mit vielen Pausen	★★★★★ Auf jeden Fall auf eigene Faust
Spaziergang	★★★★★ Über Stock und über Stein	★★★★★ Ganz entspannt einmal um den Block	★★★★★ Am besten durch unbekannte Gässchen

Jetzt haben Sie es schwarz auf weiß, welcher Aktivitätentyp Sie sind. Und nun? Hier ein paar Ideen, auf die Sie zugegebenermaßen wohl auch selber kommen. Aber wie wäre es damit: Halten Sie diese Tabelle Ihrer Reisebegleitung unter die Nase (und damit ist nicht die mit den vier Pfoten gemeint!). Einfacher können Sie sich nicht erklären – und es bleiben keine Fragen mehr offen.

★★★☆☆ Okay, wenn es ein Volleyballfeld oder Ähnliches gibt	★★★★★ *I'm schon wieder in heaven!*	★★★★★ Juhu! Wasser, Sandburgen und eine Menge Leute!	**Strandtag**
★★★★★ Auf ins Abenteuer!	★☆☆☆☆ Nein. Niemals.	★★★★★ Mit Gitarre, Lagerfeuer und Hundeschlafsack	**Campen**
★★☆☆☆ Geht gar nicht, die viele Warterei	★★★☆☆ Lieber irgendwo bleiben, als ständig wechseln	★★★★★ Besser geht's nicht!	**Restaurant-Hopping**
★★★★★ Gut, dass der Fahrradanhänger dabei ist	★★★☆☆ Ich könnte schwören, es sieht nach Regen aus	★★★★☆ Mit der richtigen Route durchaus eine Option!	**Fahrradtour**
★★☆☆☆ Nur für Ausrüstung und Souvenirs	★★★★★ Au ja! Gleich mal die großen Taschen mitnehmen.	★★★☆☆ Auf der Suche nach ganz besonderen Fundstücken …	**Shopping-tour**

Nachtleben
für Hundemenschen

Na gut, das wäre ja kein Reise-Hacks-Buch, wenn nicht tatsächlich ein paar ganz konkrete Tipps für Ihren Aktivitätentyp kommen würden. Hier also einige ganz unterschiedliche Ideen, die vielleicht sogar als Inspiration für noch mehr Ideen dienen, die dann wiederum zu neuen Ideen führen – und schon müssen Sie einen weiteren Urlaub planen, um alle Vorhaben umsetzen zu können. Hach, man hat es auch nicht leicht …

Typ Jagdhund

★ Warum nicht mal eine **Nachtwanderung** durch die Natur? Alle Geräusche sind intensiver, die Luft riecht anders – ein spannendes Abenteuer für ein eingespieltes Hund-Mensch-Team.

★ Das Ganze geht auch als geführte **Themen-Stadtwanderung** – z. B. in Münster bei der Führung »Nachtwächter & Co.« (www.k3.de/muenster/nachtwaechterfuehrung)

★ Perfekt für »draußen mit Hund« und jederzeit: **Geocaching**. Für die GPS-Schnitzeljagd brauchen Sie nur Ihr Handy und Lust am Rätseln und Suchen (www.geocaching.com).

★ Bereit für einen weltweiten Trend aus Schweden? Dann auf zu einer abendlichen Runde **Plogging**! Etwa 2 Millionen Menschen machen das täglich: Joggen und dabei Müll aufsammeln. Mehr dazu: de.wikipedia.org/wiki/Plogging.

Wussten Sie schon, …

… dass ein erwachsener Hund 42 Zähne hat? Die übrigens auch gepflegt werden müssen, denn sonst droht Zahnstein und schlimmstenfalls Zahnverlust. Hundezahnputzzeug gehört also ins Reisegepäck.

Typ Herdenschutzhund

* Filmklassiker unterm Sternenhimmel? Im Sommer eröffnen überall auf der Welt **Open-Air-Kinos** – und i. d. R. dürfen Hunde mit rein. Tipp: Das Freiluftkino Friedrichshain in Berlin.
* (Hunde-)Decke einpacken, einen Tee oder eine Flasche Wein mitnehmen und einen Sonnenuntergang genießen! Ein besonders magisches Abendrot gibt es am **Cabo da Roca** (Portugal), dem westlichsten Punkt des europäischen Festlandes.
* Das Leuchten großer Städte erleben während einer **Stadtrundfahrt bei Nacht** – z. B. in Paris (www.stadtrundfahrt.com/paris/paris-bei-nacht)
* Mal so richtig den **Feinschmecker** raushängen lassen? Dann testen Sie eines der *50 besten Restaurants* der Welt (www.theworlds50best.com). Vorher checken, ob Hundebegleitung erlaubt ist.

Typ Trickhund

* Bei **spannenden Veranstaltungen** neue Leute kennenlernen: Das geht z. B. weltweit über Meetup (www.meetup.com). Datum und Ort eingeben – und schon werden Events angezeigt. Dann noch checken, ob Hunde mitdürfen.
* Recherchieren Sie im Internet nach **lokalen Kochkursen** (z. B. bei www.eatwith.com). Genießen Sie nach dem Tränenvergießen beim Zwiebelschälen das selbst gekochte Essen in lustiger Runde.
* Gruseln in der Heimatstadt von Franz Kafka? Dann ist eine **Geistertour durch die Prager Altstadt** bei Nacht genau richtig (www.praguetourinfo.com/prag-geistertour).
* Folgen Sie den Empfehlungen von Locals – z. B. mit der App **Spotted by Locals** oder auf den Websites www.likealocalguide.com, www.withlocals.com/de.

Ein Tag
auf der Reise von ...

8 Uhr	**Morgen-Work-out** und Gassirunde
9 Uhr	**Gesundes Frühstück** für Champions
10 Uhr	Ab zum Fluss, die **Kanutour** ruft
11 Uhr	
12 Uhr	**Pause für den Hund** – bis 16 Uhr
13 Uhr	**Mittagessen** in einem lokalen Imbiss
14 Uhr	**Stadtbesichtigung** mit Mountainbike
15 Uhr	
16 Uhr	Hund abholen und **Gassirunde**
17 Uhr	Sportspaß am **Hundestrand**
18 Uhr	**Abendessen** in schönem Restaurant
19 Uhr	
20 Uhr	**Schlafenszeit** für den Hund
21 Uhr	**Saunabesuch**
22 Uhr	

Schlafen	*Schlafen*
Aufstehen und Kaffee trinken	Aufstehen und **ausgiebig strecken**
Entspannte **Gassirunde**	**Frühstück** im Ort
Spätes **Frühstück**	Gegend **erkunden**
Stadtbesichtigung	Am **Strand** ausruhen und spielen
Mittagsimbiss und **Siesta**	
	Pause für den Hund – bis 18 Uhr
Ab an den **Strand**	**Surfstunde**
	After-Surf mit anderen Teilnehmern
Frisch machen	Frisch machen in der Unterkunft
Restaurant Außenbereich	**Abendessen** mit neuen Bekannten
Hund in die Unterkunft bringen	Gemütliche **Abendrunde**
Kartenspielen auf der Terrasse	**Nachtruhe** für den Hund
	Auf ein Getränk noch mal raus

Die **Top-Five-Abenteuer**

für die unterschiedlichsten Hundemenschen

Typ Jagdhund

1 Oh WOW!

Zu den **schönsten Kanutouren Europas** zählt eine Tour durch **Ardèche-Schlucht** in Frankreich, zwischen Vallon Pont d'Arc und Saint Martin d'Ardèche. Höhepunkt ist hier definitiv eine Durchfahrt durch den berühmten Natursteinbogen **Pont d'Arc**. Es gibt auch tolle Wanderwege hier.

2 Allein in der Wildnis

Auf der Liste der **beliebtesten Länder fürs Wildcampen** steht **Schweden** ganz oben – nicht nur wegen des *allemansrätten*. Einen besonders schönen Ort zum Campen finden Sie in **Skåne**, Südschweden. Hier liegt der tiefblaue See **Ivösjön**. Im Wetlandi Natur Resort Ivösjön lassen sich auch Touren buchen (www.wetlandi.se).

3 Die Balance finden

Die **besten Team-Erlebnisse** mit Hund sind oft die, bei denen man gemeinsam lernt, aufeinander achtgibt und dadurch zusammenwächst. Wenn Ihr Hund keine Angst vor Geschaukel hat, dann wartet in **Hamburg** ein SUP-Kurs mit Hund auf freudige Teilnehmer (www.sup-hund.de).

4 Hundert Meter über dem Boden

Da kann es einem schon mulmig werden, wenn man die 360 Meter lange **Hängeseilbrücke Geierley** überquert. Hunde sind erlaubt, ABER: Nehmen sie ihren Hund wirklich nur mit, wenn ihn sowas nicht aus der Ruhe bringt! Zu finden ist die Fußgängerbrücke im **Hunsrück** (www.geierlay.de).

5 Inspiration unterm Sternenhimmel

Wie gesagt, das schönste an **Open-Air-Kinos** ist, dass Hunde oft mit reindürfen. Egal, wo in Europa Sie sind: Wenn Sie einen echt spannenden und inspirierenden Outdoor-Kinoabend brauchen, dann besuchen Sie die **European Outdoor Filmtour** (www.eoft.eu). Es lohnt sich!

Typ Herdenschutzhund

1 Be happy

Zu den **lebenswertesten Städte der Welt** gehört laut *Global Happiness Report* **Zürich** in der Schweiz. Da kann man sich ja mal eine Scheibe abschneiden und in Form von Reiseerlebnissen mit nach Hause nehmen. Spazieren Sie zum **Lindenhofplatz** und genießen Sie die Aussicht auf die wunderschöne Altstadt.

2 Ein Traum in Lila

Die **schönsten Lavendelfelder** gibt es in der französischen **Provence**. Von Mitte Juni bis Anfang August wird hier geblüht, was das Zeug hält. Auf der **Route de la Lavande** beispielsweise werden Sie kaum noch die Augen schließen wollen.

3 Sandlandschaften genießen

Einen der **schönsten Strände Deutschlands** finden Sie auf **Amrum**. Dort gibt es den weißen **Kniepsand** – eine sehr langsam wandernde Sandbank in der Nordsee mit einer Fläche von etwa zehn Quadratkilometern. Beachten: Zwischen dem 1. April und dem 31. Oktober herrscht auf Amrum Leinenpflicht.

4 Für Leseratten

Wer Bücher liebt, der findet bestimmt auch Gefallen an den **schönsten Buchläden der Welt**. Einen davon können Sie in **Alnwick**, Großbritannien, besuchen. Der Laden heißt **Barter Books** und ist eines der größten Antiquariate in Europa. Am besten erkunden, wenn der Hund im Hotel ein Schläfchen hält. (www.barterbooks.co.uk)

5 Winter adé

Die meisten Sonnenstunden europaweit werden an der **Algarve-Küste** in Portugal gezählt. Das ist nicht nur im Sommer schön, sondern besonders auch im Winter. Mieten Sie sich einen Van und entfliehen Sie der dunklen Jahreszeit auf einem Küsten-Roadtrip.

Typ Trickhund

1 Magisches Blau

Um Orte mit dem **blauesten Wasser der Welt** zu sehen, müssen Sie nicht das Land verlassen. Fahren Sie einfach nach **Blaubeuren** in Baden-Württemberg und besuchen sie den von spannenden Geschichten und Sagen umwobenen **Blautopf** (www.blautopf.de).

2 Sláinte!

Das sagt man in Irland, wenn man miteinander anstößt. Zu den **weltbesten Städten für eine Kneipentour** gehört definitiv **Dublin** in Irland. Schauen Sie mal im **The Brazen Head** vorbei, dem ältesten Pub der Stadt (www.brazenhead.com). Hunde dürfen auch mit, allerdings nur in den Außenbereich. Oder der Vierbeiner macht so lange ein Schläfchen im Hotel.

3 Winter is coming

Wenn Sie schon in Irland sind, fahren Sie gleich mal in den Norden des Landes. Zu den **schönsten Orten der Republik** gehört eine magische Buchenallee, die auch bei *Game of Thrones* eine Rolle spielte: **The Dark Hedges** im County Antrim. In der nächsten geselligen Runde haben Sie dann auf jeden Fall etwas zu erzählen!

4 Bitte recht felsig

Packen Sie Ihre Kamera ein und machen Sie sich auf, um **weltberühmte Felsformationen** zu fotografieren. Zum Beispiel an der Steilküste der kleinen Küstenstadt **Étretat** in der Normandie. Dort finden Sie gigantische Klippen und die beeindruckende **l'Aiguille Creuse** (die hohle Nadel) (www.lehavre-etretat-tourisme.com).

5 Wilde Pferde

Die **spannendsten Wanderungen mit wilden Tieren** gibt es nur auf Safari in Afrika? Dann haben Sie noch nicht das Naturschutzgebiet **Westenschouwen** in Zeeland erlebt. Zugegeben, hier gibt es keine Elefanten und Giraffen, aber Wildpferde, die durch die Gegend ziehen (www.zeeland.com).

8

Heimkommen für Hundemenschen

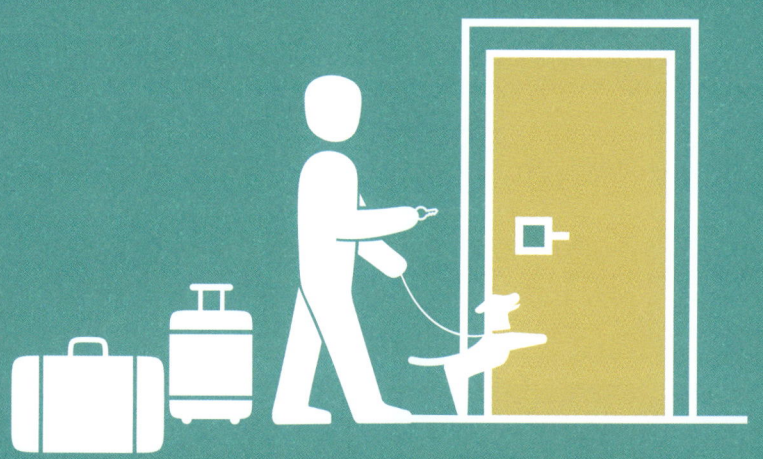

Checkliste
für die Abreise

Mögen Sie Fundbüros? Tolle Sache eigentlich, solange man sie selbst nicht braucht. Denn dann dauert es unter Umständen eine Weile (und kostet die ein oder anderen Nerven), bis alles wieder an Ort und Stelle ist. Damit Ihre Sachen oder das Lieblingsspielzeug des Hundes nicht in irgendeiner Kiste für Fundsachen landen, drehen Sie vor der Abreise lieber noch mal eine Extrarunde durch die Unterkunft. Auch sonst heißt es beim Urlaub mit Hund: Vorbereitung ist alles! Schließlich soll die mitunter lang ersehnte Erholung noch eine Weile vorhalten.

Wenn Sie jedes Kästchen dieser Checkliste abhaken können, bevor Sie den ersten Schritt Richtung Heimat setzen, sind Sie auf der sicheren Seite.

☐ Wie bei der Hinreise: **Planen Sie einen ruhigen Abreisetag** ohne große Aufregung für Ihren Hund. Sorgen Sie aber für ausreichend Auslauf am Tag zuvor.

☐ **Nummern oder Social-Media-Kontakte** mit neuen Hundebekanntschaften oder anderen neu gewonnenen Freunden **austauschen**

☐ Da war ja noch was: Schnell **die letzten Postkarten schreiben** und zum Briefkasten bringen oder bei der Rezeption abgeben.

☐ **Alle Souvenirs an Bord?** Fehlt noch etwas? Lieber noch mal nachschauen, bevor am Ende jemand traurig ist.

☐ **Noch genug Leckerlis für die Heimreise da?** Füllen Sie wenn nötig Ihren Vorrat auf.

Wussten Sie schon, ...

... dass Hunde quasi »um die Ecke sehen« können? Naja, nicht ganz. Aber sie haben mit etwa 240 Grad ein deutlich weiteres Gesichtsfeld als wir Menschen mit etwa 180 Grad. Ihr Hund kann Sie also »im Augenwinkel« behalten, selbst wenn er in eine andere Richtung schaut.

☐ **Wie sieht es mit dem Gepäck aus – ist es mehr geworden?** Wenn nötig, etwas per Post nach Hause schicken (günstige Paketdienste finden Sie auf www.packlink.com) oder eine weitere Tasche kaufen.

☐ **Tickets** für Zug, Bus, Fähre o. Ä. ausdrucken bzw. herunterladen.

☐ Volle Power: Mobile Geräte wie Handy oder Tablet **aufladen**.

☐ Wenn Sie mit dem Auto reisen: **Sicherheitscheck am Abend vorher** (Lichter, Kühlwasser, Öl, Scheibenwischwasser, Transportbox, Sicherheitsgurt etc.)

☐ Gegen Urlaubsblues: Gleich schon mal **Termine** mit Hundefreunden **für die Tage nach der Ankunft ausmachen**.

☐ **Letzte Runde durch die Unterkunft:** Irgendwas liegen gelassen? Zur Sicherheit bei der Rezeption oder dem Vermieter doch noch mal fragen, wie das mit den Fundsachen läuft.

Die besten Souvenirs
für Gleichgesinnte

Hast du mir was mitgebracht?« Wer kennt sie nicht, diese Frage? Und auch, wenn sie nicht gestellt wird: Besten Freunden und Lieblingsmenschen bringt man doch gern eine Kleinigkeit mit, oder? Damit es nicht immer die »üblichen Verdächtigen« à la Kühlschrankmagnet oder Motivtasse vom Urlaubsort sind, folgen jetzt ein paar Ideen speziell für die liebsten Hundemenschen.

1   Hundesocken

Kaum jemand freut sich mehr über ein Paar Socken mit Hundemotiv als die engsten Hundefreunde. Herausforderung für Ihre Reise: **Begeben Sie sich auf die Suche nach dem schönsten Paar!** Das kann auch eine lustige Tradition werden …

2   Straßenporträt mit Hund

Es gibt sie in nahezu jeder touristischen Fußgängerzone: Porträtmaler. Lassen Sie sich und Ihren Vierbeiner zeichnen. **Das Bild können Sie dann auf Postkartengröße kopieren** und an die Liebsten nach Hause schicken – oder eben als Souvenir direkt mitbringen.

3   Lokale Leckerlis

Von italienischem Olivenöl bis französischer Käse: Für Familie und Freunde bringt man meist lokale Spezialitäten aus dem Urlaub mit. **Warum nicht auch besondere Leckerlies für Hundefreunde?** Machen Sie sich auf die Suche nach kleinen, aber feinen Hundeshops an Ihrem Urlaubsort.

4   Stöckchen

Kostet nichts und ist garantiert ein Lacher: **Behalten Sie einen Stock, mit dem Ihr Hund im Urlaub gespielt hat.** Binden Sie zu Hause eine große rote Schleife drum und beschenken Sie damit den besten Hundekumpel. So ein echter Stock aus

Norwegen ist sicher nicht zu verachten – und die Hunde haben dann noch mal Spaß dran.

5 Futterdose

Die besten Souvenirs sind die, die man auch gebrauchen kann. Da Hundemenschen immer etwas zum Fressen für ihre Vierbeiner dabei haben: Wie wäre es mit einem **besonderen Futterbeutel oder einer lustigen Lunchbox** für den täglichen Einsatz? Auch jede Art von Taschen oder Beuteln werden immer gern gesehen! Und wer hat schon eine »Boîte à lunch« aus Paris?

6 Halsbänder oder -tücher

Kann man ja eigentlich nie genug haben, oder? **Über ein neues Halsband oder Dreieckstuch für den besten Freund freut sich jeder Hundemensch.** Beides finden Sie in lokalen Hundeshops und oft auch auf Märkten. Kleine Dreieckstücher gibt es auch in allen »Menschengeschäften«, die Babykleidung führen.

7 Kuschelkram

Wenn es etwas gibt, was Hund und Mensch gleichermaßen und so gut wie immer und überall gebrauchen können, dann sind das **Decken und Kissen**. Vielleicht finden Sie ja eine kuschelige kleine Decke oder ein besonders schönes Kissen, worauf sich besonders gemütlich vom nächsten Urlaub träumen lässt!

8 Souvenir für Sie selbst

Sammeln Sie bei jedem längeren Spaziergang mit Ihrem Hund einen kleinen Stein. Er kann gerne auffällig sein durch seine Form oder Farbe. Alle gesammelten Steine packen Sie zu Hause in ein kleines Schraubglas und schreiben den Urlaubsort und das Jahr auf den Boden. Ein schönes Erinnerungsstück an die Urlaubszeit mit Ihrem Gefährten. Achtung: Steine sammeln ist nicht überall erlaubt – vorher informieren!

Auspacken
für Hundemenschen

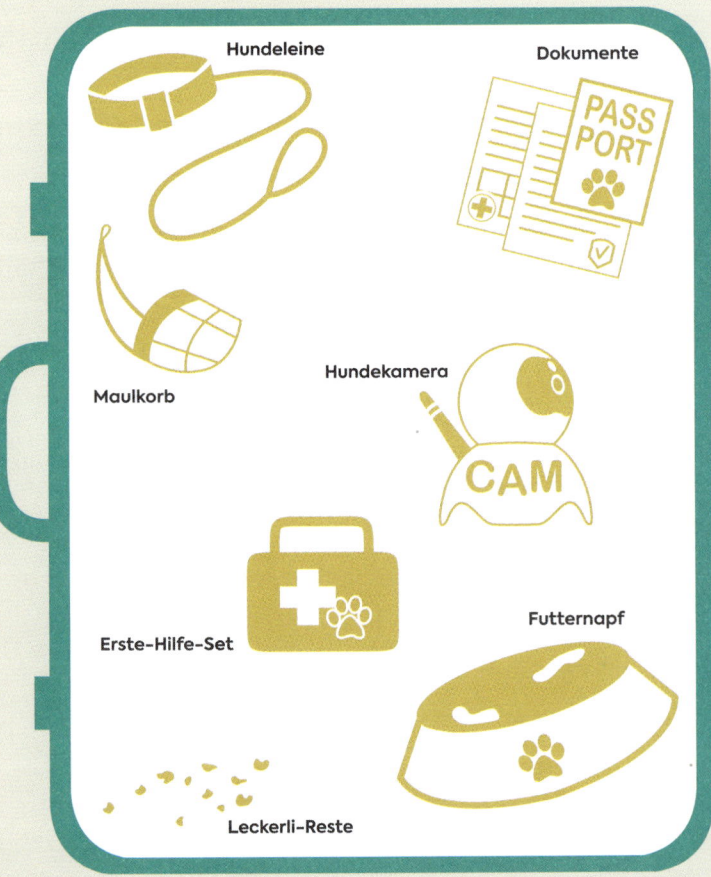

Hundeleine

Dokumente

PASS PORT

Maulkorb

Hundekamera

CAM

Erste-Hilfe-Set

Futternapf

Leckerli-Reste

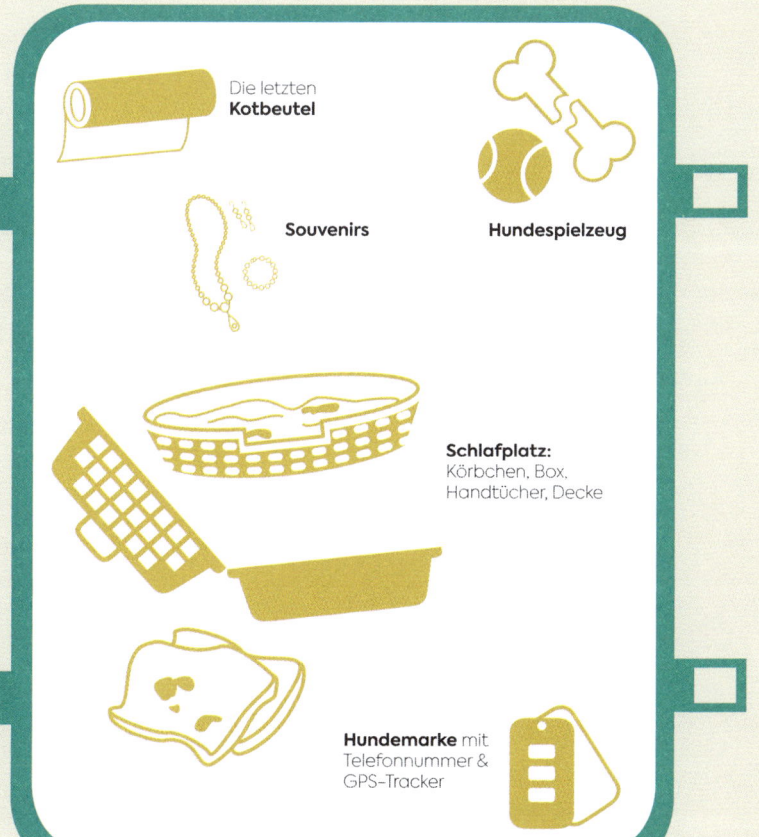

Die letzten **Kotbeutel**

Souvenirs

Hundespielzeug

Schlafplatz:
Körbchen, Box,
Handtücher, Decke

Hundemarke mit
Telefonnummer &
GPS-Tracker

Meine
Erinnerungen

Datum der Reise (von–bis)

Wo sind wir hingefahren

Wer war dabei

Unser schönstes Erlebnis

Der beste Ort

Darüber haben wir am lautesten gelacht

Nie wieder werden wir

Beim nächsten Mal nicht vergessen

Unser bestes Foto

Pfotenabdruck

So erholt sind wir (bitte ankreuzen)

Das Merkwürdigste, was wir gesehen/erlebt haben

Heimweh gehabt? (bitte ankreuzen)

Ja   Nein   Heim-was?

Letzte Dinge
für
Hundemenschen

Wenn ich **nicht verreisen** kann

Zu Hause ist es doch am schönsten …

… oder nicht? Ja, zugegeben: Wenn eine Reise gerade einfach nicht drin ist oder aus anderen Gründen ins Wasser fällt, kann das auf die Stimmung schlagen. **Da hilft nur eins: zurückschlagen.** Und zwar mit einem Masterplan für ein schönes Wochenende daheim. Hier ein paar Ideen:

Samstag

9:00 Uhr Ausgeschlafen? Dann geht's zum Frühstück in ein hundefreundliches Café. Tipp: Unterwegs noch eine Zeitung/Zeitschrift kaufen.

10:00 Uhr Zeit für eine weitere Runde Kaffee oder Tee. Schließen Sie die Augen: Wo gehen Sie am liebsten spazieren?

11:00 Uhr Genau da können Sie und Ihr Hund ohne Zeitdruck flanieren bzw. herumschnuppern.

13:00 Uhr Das Körbchen ruft, ab nach Hause mit dem Vierbeiner. Die nächsten Stunden stehen im Zeichen der Zweibeiner. Ideen: Schwimmbad, mit Freunden ins Restaurant, eine Shoppingtour … wonach steht Ihnen der Sinn?

16:00 Uhr   Gassirunde. Perfekter Zeitpunkt, jemanden anzurufen, bei dem Sie sich schon lange mal wieder melden wollten.

17:00 Uhr   Mensch-Hund-Teamarbeit: Denken Sie sich etwas aus, was Sie und Ihr Hund gemeinsam lernen können – z. B. »Zickzack« durch die Beine.

18:00 Uhr   Brotzeit! Zelebrieren Sie das Abendessen wie in einer Käse-Werbung: mit Holzbrett, frischem Brot und leckeren Aufstrichen.

19:00 Uhr   Das Beste am Urlaub zu Hause: Die (Hunde-)Freunde sind auch schon da! Laden Sie zu einem Filmabend – bei warmem Wetter auf dem Balkon oder im Garten.

Sonntag

9:00 Uhr   Frühstück zuhause

10:00 Uhr   Besuchen Sie einen (Trödel)Markt in Ihrer Umgebung und halten Sie Ausschau nach kleinen Schätzen für Ihre Wohnung oder Ihr Hobby.

12:00 Uhr   Packen Sie beim Markt etwas Leckeres für das Mittagessen zu Hause mit ein. Dann geht es ab auf die Couch bzw. ins Körbchen für eine wohlige Pause.

14:00 Uhr   Alles fertigmachen für einen Ausflug zum See! Lesen, Schwimmen, Spielen am Wasser (im Sommer), spazieren, Picknick, (im Frühling/Herbst), Spazieren und heißen Tee aus der Thermoskanne trinken (im Winter)

17:00 Uhr   Zuhause heißt es wieder: Füße hoch. Wie wäre es mit einem Tee und einem schönen Buch? Alternativ ist jetzt Zeit für Ihr persönliches Hobby. Der Hund ist für heute K. O.

19:00 Uhr   Den Abend nutzen, um den nächsten Urlaub mit Hund zu planen. Zum Beispiel mit einem Visionboard, auf das Sie alles schreiben, kleben oder malen, was Ihnen für Ihre nächste Reise wichtig ist.

Zum
Weiterlesen

Anja Rützel: **Schlafende Hunde, Berühmte Menschen und ihre Haustiere – zehn Liebesgeschichten.** Köln 2020.

Von Sylt bis Salzburg: Wander- und Städteführer für Hunde von »Fred & Otto« zu finden unter: www.fredundotto.de

Andrea Lammert, Angelika Mandler-Saul: **Yes we camp! Camping mit Hund: Die schönsten Plätze in Deutschland und Europa.** 2022.

Kate Kitchenham: **Spielekiste für Hunde: 5 Spielzeuge – 50 Spielideen.** 2015. *(Für den Strand, die Wiese oder drinnen, falls doch mal schlechtes Wetter ist.)*

Heinz Grundel, Pasquale Piturru: **Notfallbuch für den Hund: Kleiner Leitfaden zur Ersten Hilfe.** 2014.

Magazin **Dog and Travel** – www.dog-and-travel.com

Magazin **dogs** – www.dogs-magazin.de

Nachfolgende Weblinks wurden Ende November 2021 zuletzt aufgerufen.

Auf Reisen mit Hund: 7 Tipps für die Vorbereitung
www.hundimgepaeck.de/auf-reisen-mit-hund-7-tipps-fuer-die-vorbereitung

Einreisebestimmungen für die Reise mit Hund
www.vawidoo.com/story/einreisebestimmungen-fuer-die-reise-mit-hund

Urlaub mit dem Hund
www.docplayer.org/26241311-Urlaub-mit-dem-hund-ein-
praktischer-ratgeber-fuer-hundehalter-mit-tipps-und-checklisten.html

Pets on tour – Einreisebestimmungen für Hunde und Katzen
www.petsontour.de

Erste Hilfe beim Hund
www.erste-hilfe-beim-hund.de

Die 10 hundefreundlichsten Länder Europas
https:/magazin.covomo.de/urlaub-mit-hund-die-
10-hundefreundlichsten-laender-europas

Die Qual der Wahl: Wohin mit dem Hund im Urlaub?
www.haustiermagazin.com/die-qual-der-wahl-wohin-urlaub-mit-dem-hund

Urlaub mit Hund: 21 tolle Reiseziele – mit Geheimtipps
www.travelontoast.de/hundeurlaub-reiseziele

HundeReisenMehr
www.hunde-reisen-mehr.com

Reisen mit Haustieren und anderen Tieren in der EU
https:/europa.eu/youreurope/citizens/travel/carry/animal-plant/index_de.htm

Reisen mit Hund – Tipps und Infos zum gemeinsamen Urlaub
www.youtube.com/watch?v=59kX4JxGu8Q

Mut zur Lücke –
der geilsten Lücke im Lebenslauf

Nick Martin
Die geilste Lücke im Lebenslauf
6 Jahre Weltreisen

- Großformatiges Paperback
  mit über 200 Fotos
- ISBN 978-3-95889-249-1
- ISBN 978-3-95889-360-3
- www.conbook-verlag.de/buecher/
  die-geilste-luecke-im-lebenslauf

Er wurde angeschossen und ausgeraubt, durchsegelte einen Hurrikan auf dem Pazifik, war als Schmuggler unterwegs, wurde verhaftet und verdiente ein paar Dollar als Stripper in Las Vegas – Nick Martin hat in sechs Jahren knapp 70 Länder auf fünf Kontinenten bereist und damit mehr fürs Leben gelernt als mit jeder noch so steilen Karriere.

Aus all diesen Erfahrungen hat Nick ein besonderes Werk erschaffen: Gemeinsam mit der Berliner Autorin Anita Vetter hält er sein Leben in einem erzählerischen Bildband fest.

»Nick sucht nicht mehr in der Ferne, er findet. Und er weiß nun, dass er nur für sich reist, er muss niemandem etwas beweisen.«
(Mittelbayerische Zeitung)

»Eine unglaublich mutige Geschichte, die Reiseliebende nur nachvollziehen können.«
(Allgemeine Zeitung)

CON BOOK.
www.conbook-verlag.de
instagram.com/conbook_verlag

Jetzt gesteht Nick, was nicht so geil war in zehn Jahren Weltreisen

Nick Martin
Die dunkle Seite
Was nicht so geil war in 10 Jahren Weltreisen

....

- 🄑 Großformatiges Paperback mit über 200 Fotos
- 🄑 ISBN 978-3-95889-402-0
- 🄑 ISBN 978-3-95889-407-5
- 🄑 www.conbook-verlag.de/buecher/ die-geilste-luecke-im-lebenslauf- die-dunkle-seite

Der Spiegel-Bestseller!

Ein Jahrzehnt des Weltreisens hat aus Nick einen neuen Menschen gemacht: aufgeschlossen, abenteuerhungrig, aber auch nachdenklich. Und wer von ihm wissen will, ob seine Reisen wirklich immer geil waren, bekommt die ehrliche Antwort: »Nope.« Ob auf selbst gebastelten Krücken, während einer nächtlichen Schießerei oder ausgeraubt bis aufs letzte Hemd – Nick hat mehr als einmal erlebt, dass Fehltritte und Grenzerfahrungen zum Reisealltag dazugehören.

Mit Witz, Charme und Sarkasmus richtet er sein Spotlight auf die Welt hinter den turbulenten Storys, Once-in-a-Lifetime-Begegnungen und schillernden Fotos auf Instagram. Fast wünschte man sich, für immer in den eigenen vier Wänden zu bleiben, wäre da nicht Nicks unerschütterlicher Optimismus. Denn Dunkel gibt es nur, weil es Licht gibt, und so fordert Nick aufs Neue die Abenteuerlust seiner Leserinnen und Leser heraus.

CON BOOK.
www.conbook-verlag.de
instagram.com/conbook_verlag

Urlaub und Essen gehören zusammen: Unsere kulinarische Ergänzung zum Reiseführer

Das sind die Speiseführer

- Die 30 typischsten Gerichte der Region in den Kategorien »Fisch & Fleisch«, »Gemüse« und »Backwaren & Desserts«
- Alles über Geschichte, Zutaten und Lebensart rund um die Speisen
- Infos zu Wochenmärkten, authentischen Restaurants, Ideen fürs Nachkochen zu Hause, Begleitgetränke u. v. m.
- Viele Fotos und alle wichtigen Informationen für die kulinarische Erweiterung des eigene Urlaubs

Marianthi Milona ▪ **Speiseführer Kreta**
978-3-95889-436-5

Jörg Dauscher ▪ **Speiseführer Mallorca**
978-3-95889-414-3

Derk Hoberg ▪ **Speiseführer New York**
978-3-95889-437-2

Sandy Neumann ▪ **Speiseführer Südfrankreich**
978-3-95889-398-6

....

🄗 Broschur mit Einbandklappen, Übersichtskarte und über 100 Fotos

CON BOOK.
www.conbook-verlag.de
instagram.com/conbook_verlag

DOG *and* TRAVEL

Das Lifestylemagazin für den modernen Hund

Abonnements | Einzelhefte | ePaper

www.DOG-and-TRAVEL.com

Alles einsteigen – die schönsten Nachtzugstrecken Europas in einem bildstarken Reisebuch

Veronika Wengert und Jörg Dauscher
Nachtzugreisen
Die schönsten Strecken Europas

....

- Großformatiger Reisebildband mit Streckenkarten und über 200 Fotos
- ISBN 978-3-95889-416-7
- www.conbook-verlag.de/buecher/ nachtzugreisen

In Zeiten von Slow Travel und Nachhaltigkeit erlebt dieses ganz besondere Reiseerlebnis einen echten Boom: Das Nachtzugnetz wächst, und jedes Jahr kommen neue Verbindungen hinzu.

Erleben Sie mit *Nachtzugreisen* die schönsten und wichtigsten europäischen Nachtzugverbindungen und reisen Sie quer durch den Kontinent. Mit allen wichtigen Informationen und stimmungsvollen Texten werden auch Sie dem Mythos dieser traditionellen und gleichzeitig modernen Art zu Reisen verfallen.

- Die 20 schönsten und wichtigsten Nachtzugstrecken Europas
- Ausführliche Beschreibungen und alle reiserelevanten Informationen
- Tipps für Unternehmungen vor der Abfahrt und nach der Ankunft
- Glossar mit den wichtigsten Begriffen
- Karten aller Strecken
- Über 200 Fotos

CON
BOOK.
www.conbook-verlag.de
instagram.com/conbook_verlag

Sibirien
Huskys

Russland
Barsois, Bolonka Zwetnas, Samojeden

Skandinavien
Westgotenspitze, Norwegische Elchhunde

...land
...n & Jagd-...de

Deutschland
Schäferhunde

Mongolei
Bankhars

Indien
Der nach unten schauende Hund

Japan
Hachikō

Arabischer Raum
Salukis, Kanaan-Hunde

Afrika
Afrikanische Wildhunde

China
Pekineses, Shar Peis, Chow Chows

Ägypten
Anubis

Griechenland
Zerberus, Loukanikos

Indonesien
Kintamani-Bali-Hunde

Südafrika & Simbabwe
Rhodesian Ridgeback

Australien
Dingos, Australian Cattle Dogs

Neuseeland
Neuseeländische Huntaways